동양사상에게 인공지능 시대를 묻다

**동양사상에게
인공지능 시대를 묻다**

초판 1쇄 인쇄 2017년 6월 15일
초판 1쇄 발행 2017년 6월 20일

글쓴이 홍승표·정재걸·이승연·백진호·이현지
펴낸이 김승희
펴낸곳 도서출판 살림터

기획 정광일
편집 조현주
북디자인 꼬리별

인쇄·제본 (주)현문
종이 월드페이퍼(주)

주소 서울시 영등포구 양평로21가길 19 선유도 우림라이온스밸리 1차 B동 512호
전화 02-3141-6553
팩스 02-3141-6555
출판등록 2008년 3월 18일 제313-1990-12호
이메일 gwang80@hanmail.net
블로그 http://blog.naver.com/dkffk1020

ISBN 979-11-5930-042-4 03370

*가격은 뒤표지에 있습니다.
*잘못된 책은 바꾸어 드립니다.
*이 책은 저작권법에 따라 보호를 받는 저작물이므로 무단 전재와 복제를 금합니다.

동양사상에게 인공지능시대를 묻다

홍승표·정재걸·이승연·백진호·이현지 지음

들어가는 글

 우리는 문명사의 특이점에 서 있다. 인류가 주도해온 문명은 곧 막을 내리고, 인공지능이 인류의 자리를 대신할 것이다. 지구라는 작은 행성 위에서 영위된 문명은 막을 내리고, 지구는 우주의 일원으로서 새로운 역사를 시작할 것이다. 그리고 새로운 역사의 주역은 인공지능이 될 것이다.
 알파고가 이세돌을 4 대 1로 이겼을 때, 우리는 충격을 받았다. 바둑과 같이 천문학적인 경우의 수를 가진 게임에서 인공지능이 바둑 최고수를 이기리라고는 생각하기 어려웠기 때문이다. 알파고의 1패는 알파고가 인간에게 패배한 마지막 기록이 될 것이다. 실제로 6개월 이후, 알파고는 세계 최고수들과 60여 차례 대국을 치렀는데, 모두 승리했다. 앞으로 얼마 지나지 않아 알파고는 세계 모든 고수와의 동시 대국에서 전승을 거두게 될 것이다.
 이것은 무엇을 의미하나? 인공지능의 학습과 성장 속도는 인간과 전혀 다르다는 것이다. 바둑의 영역과 마찬가지로, 인공지능은 의료,

법률, 주식투자, 경영 등을 망라하는 모든 영역에서 그 분야의 전문가를 모두 합친 것보다 훨씬 뛰어나게 업무를 수행할 수 있을 것이다. 일단 특이점을 지나고 나면, 인공지능은 아주 짧은 시간 내에 인간과는 비교할 수 없을 정도로 비약적인 발달을 할 수 있으며, 그것은 멈추지 않을 것이다.

최근 손정의는 30년 이내에 IQ가 1만인 인공지능이 출현할 것이라고 예측했다. 만일 30년 후에 IQ가 1만인 인공지능이 출현한다면, IQ가 10만인 인공지능이 출현하는 것은 언제일까? 아마도 30년 1개월 후가 될 것이다. 이것은 인공지능과 인간의 IQ 차이가 인간과 박테리아의 IQ 차이보다 훨씬 더 커지는 것을 의미한다.

인공지능이 주도하는 새로운 시대가 곧 도래하는 것은 필연이다. 중요한 것은 인공지능 시대의 도래 여부가 아니라, 그것이 어떤 인공지능 시대가 될 것인가이다. 만약 인공지능이 지금까지 문명의 역사에서 인류가 자신보다 열등한 동식물이나 무생물에게 했던 것처럼 인류를 대하게 된다면, 인류는 혹독한 미래에 직면할 것이다. 만일 인류가 계속해서 지구의 환경을 오염시키고, 생태계를 파괴하며, 서로 간의 살상과 분쟁을 지속한다면, 인공지능은 지구의 안녕을 위해서 인류를 멸종시키는 선택을 할지도 모른다.

선택의 갈림길에서 인류는 무엇을 해야 할까? 이 책은 '세계관의 대전환'에서 그 답을 찾고자 한다. 세계관의 대전환은 인류를 위해서도, 그리고 인공지능 시대가 빛나는 새 시대가 되기 위해서도, 인류가 이루어내야 할 긴급한 과제이다. 우리는 현대 세계관의 늪을 벗어나 탈현대 세계관으로의 전환을 이루어내야만 한다.

현대 세계관은 이 세상 모든 존재는 근원적으로 분리되어 있으며, 그러므로 하찮은 것이란 태도를 취한다. 인간에 대한 태도 역시 동일하다. 그러므로 현대인은 자신이 하찮은 존재라는 존재론적인 콤플렉스를 안고 살아가며, 이를 벗어나기 위한 강박적인 노력으로서의 삶, 즉 '자아확장투쟁으로서의 삶'을 살아간다. 자아확장투쟁을 통해 성취한 크기와 높이가 자신의 가치와 동일시되며, 그래서 높은 곳에 이른 자들은 우월감을, 이르지 못한 자들은 열등감을 안고 살아간다.

우월감을 가진 존재는 가치 없는 존재를 경멸하고, 모욕하며 착취한다. 부자와 가난한 자, 서구인과 비서구인, 인간과 자연 간 등에 이런 갑을 관계가 존재한다. 그래서 이 세상은 점점 더 고통스러운 곳으로 변하고, 세계 곳곳에서 테러, 분쟁, 갈등, 환경파괴 등이 지속적으로 고조되고 있다. 이처럼 세상을 지옥으로 만드는 것은 바로 현대 세계관이다.

현대 세계관은 현대라는 인류 역사의 특수한 시기에 지배적인 세계관이었다. 현대는 끝나가고 있고, 끝날 수밖에 없다. 그러나 인공지능의 출현을 비롯한 제4차 산업혁명으로 명명되는 탈현대의 하부구조가 빠른 속도로 출현하고 있음에도 불구하고, 인류는 현대 세계관에 고착되어 있다. 이로 말미암아 낡은 현대 세계관과 탈현대 하부구조 간의 격렬한 충돌이 일어나고 있다. 만일 인류가 빠른 시간 안에 새로운 시대와 조화를 이룰 수 없는 현대 세계관을 폐기하지 못한다면, 그래서 야만적인 암흑시대로서의 현대를 끝내지 못한다면, 우리는 모두 파멸할 것이다. 그리고 현대인과 동일한 자의식을 지닌 인공지능이 지배하는 새 시대는 악몽이 될 것이다.

현 인류에게 주어진 시급한 일은 현대를 재건하는 것이 아니다. 일자리를 창출하고 실업문제를 해결하는 것이, 그래서 현대 자본주의 체제를 복원하는 것이, 이 시대에 맡겨진 역사의 소임이 아니다. 이는 마치 전현대와 현대의 교체기에 농노제도를 보완하고 왕정을 개선하며, 신앙심의 부흥운동을 통해 사회를 발전시키려는 노력과 마찬가지로, 역사의 도도한 흐름에 대한 반동일 따름이다.

그러면 현 인류는 지금 무엇을 해야 하는가? 현대라는 낡은 자궁을 벗어나 탈현대의 새로운 세상으로 나아가야만 한다. 현대의 쓰러져가는 낡은 집을 무너뜨리고, 그 폐허 위에 탈현대의 새로운 집을

지어야만 한다. 이런 인류 대역사의 중심에 탈현대 세계관으로의 대전환이 놓여 있다.

탈현대 세계관은 이 세계, 인간, 그리고 모든 존재들 간의 관계에 대해 어떤 입장을 갖고 있는가? 탈현대 세계관의 관점에서 보면, 그것이 아무리 미물이라 하더라도 하찮은 존재가 아니며, 이 세상 어디에도 하찮은 존재는 없다. 모든 존재는 자신 안에 영원한 시간과 무한한 공간을 품고 있으며, 온 우주와 맞닿아 있다. 그러므로 모든 존재는 존귀하다는 점에서 절대적으로 평등하다.

탈현대 세계관의 관점에서 볼 때, 인간이란 어떤 존재인가? 인간은 모든 자연물과 마찬가지로 우주적인 존귀함을 갖고 있는 존재이다. 또한 인간은 존귀한 존재로서의 자신과 세계를 자각할 수 있는 유일한 존재이다. 현대가 인간에게 부여했던 우월성의 근거인 생각, 감정, 욕망 등과 같은 에고의 활동은 자연물에 대비해 인간의 우월한 점이란 것은 사실이지만, 그렇다고 인간의 위대함의 소재는 아니다. 인간의 진정한 위대함은 에고의 단단한 껍질을 깨트렸을 때 출현하는 '참 나의 빛'이다. 이때 인간은 지극히 겸손하고, 따뜻하며, 매사에 감사한다. 그리고 한없이 너그러우며, 아름다운 미소를 지을 수 있다.

　탈현대 세계관의 관점에서 볼 때, 나와 너의 관계는 무엇인가? 태극 문양이 잘 형상화하고 있듯이, 나는 너 없이 존재할 수 없다. 나와 너는 서로를 이루어주는 조화로운 사랑의 관계이고, 궁극적으로 나와 너는 하나이다. 나는 너를 지극히 존경하고 존중하며, 그래서 나와 너의 관계는 예禮에 바탕을 둔 창조적인 관계이다.

　인공지능 시대를 맞이해서 가장 시급한 일은, 현대 세계관으로부터 탈현대 세계관으로의 대전환을 이루는 일이다. 그런데 왜 필자들은 동양사상에 주목하는가? 그것은 고대 그리스와 로마의 사상과 문화 속에 현대 세계관이 풍부하게 내장되어 있었던 것과 마찬가지로, 유불도로 대표되는 고대 동양사상 속에 탈현대 세계관이 풍부하게 내장되어 있기 때문이다. 우리는 이를 제련해서 인공지능 시대와 조화를 이룰 수 있는 인류의 새로운 세계관을 제공하고자 한다. 또한 이 새로운 세계관의 바탕 위에서, 인공지능이 인류의 좋은 스승과 친구가 되어 멋진 신문명을 만들어갈 수 있는가를 보여주고자 한다.

고개를 돌리면, 암흑시대인 현시대가 바로 가슴 벅찬 신문명 건설의 출발점임을 이 책을 통해 보여주고자 한다.

2017년 6월

저자를 대표해서 홍승표 쓰다

차례

들어가는 글 4

1. 왜 동양사상과 인공지능인가? 홍승표
   1. 상수와 변수의 도치 17
   2. 인공지능 발달을 바라보는 현대적인 관점의 문제 23
   3. 탈현대적 관점에서 본 인공지능의 의미 32

2. 인공지능 시대, 인간이란 무엇인가? 홍승표
   1. 인간 우월주의의 오류 45
   2. 현대 인간관의 오류 51
   3. 탈현대 인간관 55
   4. 탈현대 인간관과 인공지능 63

3. 인공지능은 인간을 지배할 것인가? 홍승표
   1. 현대의 지배와 피지배의 패러다임 69
   2. 지배와 피지배의 패러다임의 한계 76
   3. 인간과 인공지능의 조화롭고 창조적인 공존 80

4. 인공지능, 깨달음의 스승이 될 수 있을까? 백진호
   1. 깨달음의 스승, 인공지능 89
   2. 소극적 주체로서의 스승 98
   3. 능동적 주체로서의 스승 107
   4. 인공지능의 시대, 깨달음이 만개하는 시대 112

5. 인공지능 시대, 가상현실을 어떻게 활용할까? 정재걸

1. 가상현실의 미래　119
2. 임사체험과 가상현실　123
3. 가상현실을 통한 깨달음　128
4. 탈현대의 여가와 에고의 소멸　137

6. 인공지능 시대, 노동이 필요할까? 정재걸

1. 일자리 경쟁　149
2. 사지食志노동과 사공食功노동　155
3. 수행과 낙도로서의 삶　161
4. 청년 수행자 백만 명 양성　175

7. 인공지능 시대, 학교는 무엇을 가르쳐야 하는가? 이승연

1. 위기의 학교　183
2. 지금 학교는 무엇을 가르치고 있는가?　191
3. 동아시아 전통과 학교　199
4. 인공지능 시대, 학교는 무엇을 가르쳐야 하는가?　206

8. 인공지능 시대, 가족은 어떻게 변할까? 이현지

1. 인공지능 시대의 가족은?　219
2. 인공지능 시대와 삶의 변화　223
3. 인공지능 시대의 가족의 변화　229
4. 유교사상에서 찾는 인공지능 시대 가족의 비전　236
5. 현대 가족을 넘어서　244

참고 문헌　248

1 — 왜 동양사상과 인공지능인가?

홍승표

인공지능의 비약적인 발달은 인류의 삶과 문명에 엄청난 영향을 미칠 것이다. 만일 현대 세계관의 틀 안에서 인공지능의 발달을 맞이한다면, 그것은 문명 대파국을 의미한다. 인류는 시급히 세계관의 대전환을 이루어내야 하며, 이 책은 동양사상 속에서 인공지능 시대에 부응할 수 있는 새로운 세계관을 발굴하고자 한다.

1. 상수와 변수의 도치

 급속한 인공지능 기술의 발달이 인류의 미래에 커다란 영향을 미칠 것이란 점에는 의문의 여지가 없다. 문제는 '어떤 영향을 미칠 것인가?'이다. 인공지능 기술은 많은 미래공상 영화들이 그리고 있듯이, 문명의 파국과 AI에 의한 인간 지배라고 하는 결과를 초래할 것인가? 아니면 멋진 신세계로 도약하는 발판이 될 것인가?

 인공지능의 영향에 대한 오늘날의 논의에는 결정적인 문제점이 있다. 그것은 매개변수에 불과한 인공지능을 독립변수로 간주한다는 점이다. 인공지능 역시 하나의 기술이며, 가치중립적인 것이다. 인공지능의 의미는 인류가 그것을 어떻게 해석하고 사용하는가에 달려있다. 그렇다면 진짜 독립변수는 무엇인가? 인류의 미래라는 종속변수의 향방에 영향을 미치는 진짜 독립변수는 세계관이다.

 현대 세계관은 상수인가? 변수인가? 물론 현대 세계관은 변수이다. 우리는 현대 세계관이 지배하기 이전 시기에 전현대 세계관이 지배하던 긴 역사적인 시기를 알고 있다. 또한 미래사회에서는 탈현대 세계관이라고 하는 새로운 세계관이 지배하게 될 것이다. 이와 같이 세계관은 명백히 변수이다. 그런데 현 인류는 현대 세계관이 명백한 변수임에도 불구하고 상수로 간주하는 오류를 범하고 있다. 그래서 인공지능을 독립변수로 전제하고, 현대 세계관의 틀 속에서 인공지능의 사회적인 영향을 탐구한다. 이것은 논리적인 문제만이 아니라 실제적으로 중대한 문제를 야기한다.

핵심적인 문제는 이것이다. 현대 세계관의 틀 속에서 인공지능의 사회적인 영향을 탐구할 경우, 필연적으로 인공지능의 발달은 문명의 종말과 지구 생태계의 붕괴를 초래할 것이라는 점이다.

왜 그러한가? 현대 세계관의 핵심은 현대 인간관이다. 현대 인간관에서는 인간을 자신을 둘러싸고 있는 세계로부터 분리된 고립적인 개체로 간주한다. 이런 현대 인간관을 받아들일 때 인간은 존재론적으로 유한성, 무의미성, 무력감의 문제에 직면하게 된다.

현대 인간관의 관점에서 보면, 인간은 공간적으로 보면 자신의 피부 안에서만 존재하며 출생 시부터 사망 시까지만 존재하는 유한한 존재이다. 죽음과 더불어 인간은 무無로 화하게 된다. 그래서 끊임없이 죽음에 대한 불안에 시달린다.

인간은 미소한 존재이다. 거대한 바다 위에 거품 하나가 생겨났다가 사라진다 해도, 바다에겐 그것은 아무것도 아니다. 마찬가지로 오늘 내가 죽는다고 해도 지구 반대편에서는 나의 죽음조차 알지 못할 것이다. 현대 인간관의 관점에서 보면 나는 이 세상에 있으나 마나 한 무의미한 존재이다.

인간은 무력한 존재이다. 거대한 세상은 나를 밀가루 반죽을 주무르듯 내 운명을 농락할 수 있다. 그러나 나는 이 세상에 어떤 영향력도 미칠 수 없는 무력한 존재이다.

유한함, 무의미감, 무력감은 현대 인간관에서 필연적으로 비롯되는 감정들인데 이 감정들은 하나같이 고통스럽다. 그러므로 현대인은 유한함, 무의미감, 무력감에서 벗어나기 위해 필사적인 노력을 기울인다. 그러나 이런 현대적인 노력은 강박적인 것이어서 성공할 수 없다. 현대인의 삶이란 시시포스가 산 위에 올려놓으면 다시 떨어지는 바위를 다시 산으로 밀어 올리는 것과 같다.

이렇게 해서 현대인은 유한함, 무의미감, 무력감에서 벗어나기 위해 강박적인 노력을 기울인다. 이런 현대적인 삶을 필자는 자아확장투쟁으로서의 삶이라고 명명했다. 현대인은 성공과 승리의 사닥다리에서 더 높은 곳에 도달하기 위해 필사적인 노력을 기울인다.

'욕망의 추구', 이것이 현대적인 삶의 중심을 차지한다. 그 결과 현대인은 욕망 충족적인 삶을 추구하게 되고, 현대 사회는 욕망 충족적인 사회를 추구해왔다. 즉, 삶과 사회의 궁극적인 목표가 되어버린 것이다.

이런 현대적인 삶과 문명의 목표는 현대 사회를 건설하는 원동력이 되었다. 그러나 문명의 현시점은 현대 사회를 건설해야 할 때가 아니라 탈현대 사회를 모색해야만 하는 때이다. 이런 문명사적인 맥락에서 볼 때 현대적인 삶과 문명의 목표는 부적절하며, 이를 고집했을 경우 문명의 파탄을 초래할 수밖에 없다.

이런 현대적인 삶과 문명의 목표를 고집함으로써, 이미 인류는 심각한 문명과 생태 위기에 직면해 있다. 더군다나 현대 세계관이 지속하는 가운데, 인공지능 기술의 비약적인 발달은 결국 파국적인 결과를 빚을 것이 자명하다. 〈아바타〉, 〈터미네이터〉, 〈매트릭스〉 등 많은 미래공상 영화들이 미래사회를 황량하게 그리는 이유가 바로 이것이다.

여기서 우리는 미래에 일어날 수 있는 대참사의 원인이 인공지능 기술의 발달이 아니라는 점을 분명히 인식해야 한다. 미래 재앙의 원천은 바로 현대 세계관에의 고착이다. 19세기 산업혁명의 목적은 전현대 사회의 완성이 아니었다. 그것은 현대 사회 건설의 기초가 되는 것이었다. 이와 동일하게, 최첨단기술의 핵심인 인공지능은 현대 사회의 완성을 위해 출현한 것이 아니다. 탈현대 사회 건설의 기초가 되는 것이 바로 인공지능의 출현 이유임을 명확하게 각성해야 한다.

'인공지능 기술이 문명의 대파국을 초래하느냐? 아니면 새로운 문명 건설의 원동력이 되느냐?' 하는 것은 인류에게 달려 있다. 인공지능 기술의 발달이 새로운 문명 건설의 원동력이 되려면 어떤 조건이 충족되어야 하나? 그 답은 현 인류가 현대 세계관에서 탈현대 세계관으로 세계관의 대전환을 이루는 것이다.

이때 동양사상의 역할은 무엇인가? 탈현대 세계관의 내용물을 제공해주는 것이다. 어떻게 현대도 아니고 전현대에 생성된 동양사상이 탈현대 세계관의 내용물을 제공해줄 수 있을까? 이 질문에 답하기 위해 르네상스 휴머니즘으로 눈길을 돌려보기로 한다. 주지하다시피 르네상스 휴머니즘은 서구가 중세의 꿈에서 깨어나 현대를 열어가는 기폭제가 되었다. 이들이 현대를 열기 위해서 아이디어를 빌려온 곳은 중세 이전의 고대 그리스와 로마의 사상과 문화였다.

신본주의 사회였던 중세는 신적인 것과 구분되는 인간적인 것들을 비하하고 억압했다. 인간의 성욕을 위시한 모든 욕망을 죄요 악이라고 폄하했다. 인간의 육체를 더러운 것이라고 생각해서 중세의 회화에는 나신이 등장하지 않는다. 또한 인간의 이성에 대해서도 아담과 이브의 에덴동산 추방에서 보듯이 불신을 가졌으며, 감정에 대한 태도 역시 부정적이었다.

중세사회의 이런 광범위한 인간 억압에 대한 반발로 르네상스 휴머니즘이 발흥했다. 르네상스 휴머니즘의 원천은 고대 그리스와 로마의 사상과 문화였다. 고대 그리스와 로마 사회에서는 인간에 대한 긍정이 강했다. 인간의 육체를 아름답다고 생각했으며, 이성을 찬미해서 철학과 공화정이 꽃을 피웠다. 감정에 대한 긍정도 강해서 시와 음악이 발달했다. 인간의 욕망도 부정하거나 폄하하지 않았다.

현대를 출발시키는 사상의 건설을 위해서 르네상스 휴머니즘이 고대 그리스와 로마의 인본주의 사상을 빌려왔듯이, 우리는 탈현대 건설을 위해 동양사상에서 그 원천을 찾으려고 한다. 중세가 인간의 이성, 감정, 욕망, 육체에 대한 억압이 심했다면, 현대는 신적인 아름다움을 갖고 있는 인간의 가장 높은 부분에 대한 억압이 이루어졌다. 중세의 신본주의에 대한 반발로 현대가 구축되었던 것이 바로 그 이유이다. 그래서 중세의 인간 소외와는 판이한 인간 소외가 현대 사회에 만연해 있다. 탈현대가 회복해야 할 인간 소외는 바로 인간의 가장 높고 아름다운 부분에 대한 억압이다.

그리스와 로마가 현대적인 의미에서의 인간 회복에 기여할 수 있는 점들이 많다면, 동양사상은 탈현대적인 의미에서의 인간 회복에 기여할 수 있는 내용이 풍부하다. 유불도로 대표되는 동양사상은 모두 인간의 가장 높은 부분을 인간다움의 의미로 규정하고, 이를 회복하는 것을 목표로 삼았다.

인간의 가장 높은 부분을 지칭하는 용어는 학파에 따라 상이하다. 불가에서는 불성, 여래장, 참나, 진여, 진아 등의 표현을 썼고, 도가에서는 도, 진인, 대인 등의 표현을 사용했으며, 유가에서는 본성, 인, 성인 등의 표현을 사용했다. 용어의 차이는 있지만 이들이 인간의 가장 높은 부분을 지칭하고 있다는 점에서는 같다. 그리고 동양사상은 모두 그 방법을 달리했지만 참나의 실현을 목적으로 삼았으며, 이를 위한 방법으로 수행, 수도, 수신 등을 제시했다.

유불도의 동양사상이 추구했던 것이 바로 지금 우리가 새로운 미래를 열어가기 위해 추구해야 하는 것이다. 이런 맥락에서 우리는 탈현대의 건설을 위해 동양사상에서 많은 것을 빌려올 수 있다. 이렇게 해서 쉽게 연결점이 떠오르지 않는 '동양사상과 인공지능'에 대한 창조적인 연결이 가능해진다. 즉, 인공지능이 탈현대 사회 건설을 위한 하드웨어라면, 동양사상은 소프트웨어가 될 수 있다는 것이 이 책의 관점이다. 이런 관점에서, 이 책은 동양사상과 인공지능의 관계를 탐구할 것이다.

2. 인공지능 발달을 바라보는 현대적인 관점의 문제

오늘날 인공지능의 급속한 발달을 의심하는 사람은 없다. 또한 이것이 인류의 삶과 사회에 막대한 영향을 미칠 것이라는 점에 대해서 어느 누구도 의문점을 갖지 않는다. 그러나 인공지능에 대한 현재의 관심에는 관점의 문제가 심각하다.

산업혁명의 발발은 중세사회의 완성을 위해서였던가? 아니다. 산업혁명은 중세사회의 모든 시스템을 급속히 해체하고 현대 사회 건설을 촉진했다. 산업혁명의 발발로 인해 산업화가 진행되었고, 사람들은 도시로 모여들었다. 농촌 중심의 중세경제가 붕괴되었고 도시 중심의 현대경제가 건설되었다. 농촌에 기반을 둔 중세의 대가족제도는 사람들의 잦은 이동으로 해체되고 현대의 핵가족제도가 보편화되었다. 종교교육을 주로 하던 중세교육은 해체되고, 산업사회의 시민과 기술자를 육성하는 현대 교육이 확산되었다.

인공지능의 발달은 현대 사회의 완성을 위한 것인가? 아니다. 인공지능의 발달은 현대 사회의 모든 시스템을 급속히 해체하고, 탈현대 사회 건설을 촉진하는 데 기여할 것이다. 이미 인공지능이 인간의 일을 대신하는 상황이 광범위하게 발생하고 있고, 이에 따라, 현대 사회의 해체가 진행되고 있다. 청년실업율의 증가를 포함한 실업자 증대, 이에 따른 자본주의 경제체제의 혼란, 빈부격차의 심화, 대학교육의 파행화 등은 그 대표적인 양상들이다.

인공지능의 발달은 현대 사회의 완성이 아니라 탈현대 사회 건설을 위한 것이다. 그런데 현재의 인공지능에 대한 관심은 현대의 관점에 묶여 있다. 탈현대를 위한 기술인 인공지능을 현대의 관점에서 바라본다면 우리는 인공지능의 의미를 이해할 수 없다.

인공지능의 발달에 대해 현재의 관심은 두 가지 포인트에 집중되고 있다. 하나는 인공지능의 발달이 인간의 일자리를 빼앗아가지 않을까 하는 것이고, 다른 하나는 인공지능에 의한 인간 지배의 문제이다. 이 두 가지 쟁점 모두가 현대의 관점과 연계되어 있다.

(1) 현대 노동관과 일자리 축소에 대한 우려

먼저 인공지능의 발달이 인간의 일자리를 빼앗아간다는 생각을 검토해보자. 현대 인간관 중에서 가장 기괴하고 또 새로운 시대와 조화를 이룰 수 없는 것이 '참된 노동을 통해 인간적인 본질을 실현한다'고 하는 현대 노동관이다.

현대 노동관의 계보는 루터와 칼뱅이 제시한 노동의 성화에서 출발하고, 헤겔에 이르러 철학적으로 심화되며, 마르크스에서 완성된다. 동서양을 막론하고 인간의 노동에 대한 태도는 전통적으로 부정적이고 소극적이었다. 『성경』에서 여호와 하느님이 죄를 지은 아담을 에덴에서 추방하면서 내린 처벌이 '평생 땀 흘려 일해야만 먹고살 수 있는' 노동의 징벌이었다. 전현대 사회에서는 어느 곳에서나 노동자는 하층계급이었고, 불명예스러운 직업이었다.

이런 전통적인 노동관에 혁명적인 변화를 초래한 인물은 루터와 칼뱅으로 대표되는 종교개혁자들이었다. 이들은 노동하지 않으면서 기도에만 몰두하는 수도사를 하느님의 뜻에 정면으로 배치되는 삶을 살아가는 기생충과 같은 존재라고 맹렬하게 비난했다. 그래서 개신교 종파에는 오늘날에도 수도원이 없다.

이들의 눈으로 보면 하느님의 뜻에 부합하는 사람은 열심히 노동하는 사람들이었다. 노동자야말로 하느님의 거룩한 뜻을 지상에 실현시키는 성스러운 사람들이었다. 바로 이들에 의해 '성과 속'의 코페르니쿠스적인 대역전이 일어나게 되었다. 세속적인 노동에 성스러운 활동이라는 새로운 의미가 부여된 것이다. '궁극적이고 의미로 넘치는 활동으로서의 노동'이라는 새로운 노동관이 출현한 것이다.

종교개혁자들이 주창한 새로운 노동관은 인류의 전통적인 관념과 상치하였다. 그런데 어떻게 이런 새로운 노동관이 확산되고 수용될 수 있었을까? 그 근본 이유는 현대 사회의 건설을 위해서는 인류의 많은 노동이 필요했기 때문이다.

S. 프로이트Sigmund Freud와 H. 마르쿠제Herbert Marcuse는 각각 『문

명 속의 불만』2003과 『에로스와 문명』2004에서 이 문제에 대해 명확한 분석을 했다. 즉, 인간의 쾌락 추구와 문명 건설은 양립할 수 없다는 것이다. 문명 건설을 위해서는 쾌락의 추구를 억압해서 확보된 에너지를 노동에 사용해야만 한다는 것이다. 종교개혁자들은 현대 사회 건설에 소요되는 노동력 확보에 기여하는 금욕적인 윤리와 적극적인 노동관을 제시한 것이고, 이는 시대의 방향과 부합하면서 전 세계로 확산된 것이다.

종교의 영역에서 형성된 새로운 노동관은 G. W. F. 헤겔Georg Wilhelm Friedrich Hegel에 이르러 철학적인 의미를 부여받는다. 헤겔은 『정신현상학』2005에서 『주인과 노예의 변증법』을 서술하는데, 이 장에서 현대 노동관의 원형이 출현한다. 노동을 통해 인간은 자신에 내재해 있는 잠재적인 본질을 현실화한다는 것이다. 바로 여기서 '노동을 통해 인간의 본질을 실현한다'는 현대 노동관이 정형화된다.

헤겔의 노동관은 K. 마르크스Karl Marx에게 계승된다. 마르크스는 헤겔의 노동관의 바탕 위에서 자본주의사회의 노동 소외를 비판하며, 노동 소외가 종식된 새로운 사회로서의 공산사회를 제시한다. 마르크스의 관점에서 보면, 일터는 생계수단의 마련이라는 수단적인 가치를 넘어 인간적인 본질 실현의 터전이라고 하는 목적적인 가치를 갖게 된다. 마르크스의 공산주의는 몰락했지만, 그의 노동관은 현대 노동관의 전형으로 여전히 현대인의 의식에 강한 영향력을 행사하고 있다.

현대 노동관은 현대 문명 건설과 유지에 지대한 역할을 수행했다.

프로이트와 마르쿠제가 주장했듯이, 만일 인류가 문명을 건설하고 유지하고자 한다면, 쾌락을 추구하고자 하는 욕망을 억압해서 그 에너지를 문명 건설로 돌려야만 한다. 그리고 현대 노동관은 바로 이런 기제 수행에서 탁월한 성과를 거두었다. 그러나 현대 노동관의 역사적인 소임은 여기까지이다. 인공지능 기술의 발달로 로봇이 인간이 하는 노동을 대체할 수 있는 현시점에 이런 억압 기제는 불필요할 뿐만 아니라 문명 발전의 장애물로 작용하게 되었다.

인공지능이 점점 더 많이 인간의 일을 대신하게 되는 것은 필연적인 사실이다. 우리는 이 사실을 상반된 관점에서 해석할 수 있다. 하나는 인간의 일터를 빼앗긴다는 측면이고, 다른 하나는 인간이 노동으로부터 해방된다는 측면이다.

전자는 과거로 돌아가고자 하는 퇴행적인 해석이고 후자는 미래로 나아가는 전향적인 해석이다. 그래서 당위적으로 보면 후자의 해석이 바람직하지만 현실은 이와 정반대로 전자의 퇴행적인 해석만이 판을 치고 있다.

물론 개인적인 차원에서 보면, 현 자본주의체제에서는 생계를 위해선 직장을 가져야 하니까 일자리 축소는 심각한 문제일 수밖에 없다. 또한 각자 일자리를 얻기 위해 적응적인 노력을 기울이는 것도 당연하다. 국가의 차원에서 보더라도 국가경제의 파탄을 막고 국민들의 안정된 생활을 위해 위정자들이 일자리 창출을 위해 애쓰는 일은 당연하다.

그러나 이것은 신기술혁명으로 와해될 수밖에 없는 자본주의체제,

1. 왜 동양사상과 인공지능인가? 27

국가경제, 노동을 통한 소득 등과 같은 현대적인 삶의 구조와 현대 사회 시스템을 상수로 간주하는 문제를 안고 있다. 이것은 생활인의 차원에서 그리고 현대 자본주의체제 속에서 개인이나 국가가 기울일 수밖에 없는 노력이다. 하지만 이것이 현 상황을 통찰하는 사회학적인 논의가 될 수는 없다.

사회학적인 차원에서 보면 문제는 전혀 달라진다. 현재의 퇴행적인 해석의 문제점은 두 가지이다. 하나는 현대 노동관이라는 현대 세계관의 문제이고, 다른 한 가지는 현대 자본주의체제나 현대 국가와 같은 시스템의 문제이다.

현대 노동관은 왜 문제인가? 현대 노동관 자체가 문제가 아니라 탈현대로의 전환을 이루어내야 하는 현시점에서 볼 때 현대 노동관이 문제인 것이다. 현대가 시작되던 무렵, 현대 노동관은 새로운 시대 건설의 첨병이었다. 그러나 현시점에서 보면 현대 노동관은 새로운 시대의 도래를 가로막는 중대한 장애물이 되었다.

인공지능 기술을 포함한 신기술혁명의 영향으로 인류는 인간의 노동이 필요치 않은 사회로 빠르게 나아가고 있다. 이 운동의 방향은 불가역적인 것이다. 그런데 현대 노동관에 고착되어 있는 현 인류는 이 변화를 인간답게 일할 수 있는 일자리를 빼앗아가는 것이라고 간주하고, 이 변화를 역전시키는 불가능한 노력을 기울이는 데 힘을 소진하고 있다. 떨어져서 보면, 블랙코미디의 한 장면 같은 현실이 전개되고 있는 것이다.

두 번째로 현대 자본주의체제나 현대 국가와 같은 시스템의 문제이다. 현대 노동관과 마찬가지로 자본주의체제나 국가도 현대라는 시대를 떠받치고 있는 큰 기둥들이다. 또 이런 현대 시스템이 인공지능의 발달과 일자리 축소로 인해 심각한 혼란을 겪고 있는 것도 사실이다.

우리는 지금 현대 사회의 모든 시스템이 붕괴하는 과정을 목도하고 있으며, 인공지능 기술의 발달과 일자리 축소는 이런 붕괴에 일조하고 있다. 그런데 우리는 무너지고 있는 현대 시스템을 재건해야 하는가? 그리고 재건이 가능한가? 재건은 가능하지도 않고 바람직하지도 않다.

역사를 돌이켜 보면 산업혁명의 영향으로 전현대 사회 시스템이 급격한 붕괴 과정을 거쳤다. 하지만 이것은 마땅히 붕괴되어야 할 것이 붕괴된 것이다. 이와 마찬가지로 신기술혁명의 영향으로 현대 사회 시스템이 급속히 붕괴되고 있는데, 이것 역시 붕괴되어야 할 것이 붕괴되고 있는 것이다. 산업혁명 이후 도시화된 사회에서 농촌공동체가 새 시대의 중심이 될 수 없었듯이, 신기술혁명 이후의 새 시대에서 현대 사회 시스템이 여전히 기둥 역할을 감당할 수는 없기 때문이다.

현대 자본주의체제와 현대 국가는 인간 노동을 필요로 하지 않는 새 시대와 공존할 수 없다. 그렇다면 현대 사회 시스템과 인공지능 기술 중 어느 것이 사라져야 할까? 물론 현대 사회 시스템이다. 인공지능 기술이 사라지는 것은 가능하지도 않으며 바람직하지도 않기 때문이다.

전현대의 농촌공동체가 산업혁명의 결과로 붕괴되었듯이, 현대의 사회 시스템은 신기술혁명의 결과로 붕괴되어야 한다. 현대 국가가 붕괴되고 세계정부가 구성되어야 한다. 현대 자본주의체제가 붕괴되고, 일하지 않는 사람을 포함해서 전 인류에게 안정된 생활을 위해 충분한 소득이 제공되어야 한다.

그러므로 이 시대의 사회학자는 말해야 한다. 현대 노동관이나 현대 자본주의체제와 현대 국가 등은 현대를 지탱한 기둥들이며, 현대의 붕괴 과정에서 사라져야 하는 것임을…. 인류가 이런 낡은 가치관이나 시스템에 고착되어서는 결코 아니 됨을…. 인류는 인공지능 기술의 발달과 더불어 새로운 시대로 전진해나가야 함을….

(2) 현대 관계관과 인공지능의 인간 지배에 대한 우려

두 번째 검토할 점은 인공지능이 인간을 지배하게 될 것이라는 비관적인 관점이다. 이것은 공상과학영화에서도 많이 다루어지는 주제이다. '인공지능의 인간 지배'에 대한 상상의 본질은 무엇인가? 현대인의 모습을 인공지능에 이입한 것이다. 홉스가 『리바이어던』에서 '무한한 권력을 추구하는 인간'을 상정한 이후, '무한한 욕망을 추구하는 존재'는 현대 인간관의 중요한 형태가 되었다.

인간이 권력을 추구하는 존재라고 가정한다면 지배는 삶의 목표가 된다. 욕망 추구자로서의 인간관이 팽배해 있는 현대 사회에서 지배는 삶의 중요한 추구가 되었다. 만일 인류가 이런 저급한 존재 차원을 벗어나지 못한다면 인공지능은 상대편에 대한 지배를 확보하는 중요한 도구로 활용될 것이다. 그러나 이것은 인간의 문제이지 인공지능의 문제가 아니다. 인공지능 자체는 지배나 승리에 아무런 가치를 두지 않으며, 지배욕이나 승리욕에 불타지 않는다.

이와 같이 현대적인 관점에서의 인공지능에 대한 논의는 그 자체가 난센스이다. 그러나 현대 사회에서는 현대적인 관점에서 인공지능을 논의하고, 그러면서 위기론에 휩싸인다. 인공지능의 발달이 현대적인 삶과 사회를 그 뿌리에서부터 흔들어놓을 것이라는 예측은 옳다. 그러나 이것은 현대적인 관점에서 보면 파괴적이지만 탈현대적인 관점에서 보면 창조적인 것이다. 그러므로 우리는 인공지능의 발달을 바라보는 관점의 대전환을 이루어내야 한다.

3. 탈현대적 관점에서 본 인공지능의 의미

 그렇다면 탈현대적인 관점에서 볼 때 인공지능의 발달은 무엇을 의미하는가? 이 질문에 대답하기에 앞서 우리는 '탈현대적인 관점이란 무엇인가?'라는 질문에 답해야 한다. 이 질문에 답하는 과정에서 동양사상이 동원된다. 왜냐하면 탈현대적인 관점이란 '온 우주를 품고 있는 위대한 존재로서의 인간관', '모든 것이 존귀하며 절대적으로 평등한 세계상', 그리고 '너와 나 간의 조화로운 관계관'을 지칭하는데, 유불도로 대표되는 동양사상은 이런 탈현대적인 관점을 구성하는 데 커다란 기여를 할 수 있기 때문이다. 바로 여기에 동양사상과 인공지능의 접합점이 있다.
 탈현대적인 관점에서 인공지능의 발달을 바라보면 어떤 해석이 가능할까? 인공지능이 인간의 노동을 대체한다는 동일한 현상에 대한 상반된 해석, 창조적인 해석이 가능해진다. 탈현대적인 관점에서 볼 때 인공지능에 의한 인간 노동의 대체는 두 가지 차원에서 중대한 의미를 갖는다. 하나는 인공지능에 의한 인간 노동의 대체가 현대 사회의 붕괴를 촉진시킴으로써 탈현대 사회 건설을 위한 기반을 닦는 다는 것이고, 다른 하나는 이것이 탈현대 사회 건설과 유지를 위한 기술적인 하부구조의 역할을 담당한다는 것이다.

(1) 인공지능과 현대 사회 시스템의 붕괴

인공지능에 의한 인간 노동의 대체는 어떻게 현대 사회의 붕괴를 촉진시키는가? 이것은 과거 산업혁명이 중세의 경제, 교육, 정치, 가족 등 모든 시스템의 붕괴를 촉진시킨 것과 동일한 방식에 의해서이다. 산업혁명과 중세의 농업을 기반으로 한 경제가 공존할 수 있었겠는가? 산업혁명과 종교교육이 공존할 수 있었겠는가? 산업혁명과 왕정이 공존할 수 있었겠는가? 산업혁명과 농촌에 기반을 둔 대가족제도가 공존할 수 있었겠는가? 모두 불가능했다. 동일한 메커니즘에 의해 인공지능의 발달은 현대 사회의 모든 시스템을 붕괴시키고, 탈현대 사회 건설을 촉진할 것이다.

인공지능의 발달은 현대 자본주의체제의 붕괴를 촉진할 것이다. 역사적으로 자본주의체제가 어려움에 직면했던 것은 생산의 영역이 아니라 소비의 영역이었다. 즉, 생산기술의 혁신에 의해 생산이 급격히 증가했을 때, 소비가 이를 따라오지 못하면 경제공황이 발생하곤 했다. 인공지능의 발달은 중대한 기술혁신이고 생산능력의 비약적인 증대를 의미한다.

그런데 인공지능에 의한 인간 노동의 대체는 임금 소득의 감소와 이에 따른 구매력 위축을 가져온다. 즉, 생산력과 구매력의 현격한 불균형을 초래한다. 이것이 바로 2008년 세계금융위기의 본질이다.

2008년 세계금융위기는 리먼-브러더스사의 파산에 의해 촉발되었다. 어떻게 일개 은행의 파산이 세계금융위기를 초래할 수 있었는가? 금융권 모두가 부실화되어 있던 상황이었기 때문이다. 당시 생산자 동화의 결과로 일자리가 줄어들었고, 기존 일자리의 고용조건도 악화되었다. 이것은 근로소득의 감소를 가져왔다. 실직한 노동자는 주택 대출금을 갚을 수 없었다. 즉, 은행의 부실채권이 급격히 증가한 것이다. 또한 실직과 고용조건의 악화로 인해 소비가 위축되었고, 이것은 생산의 영역에서 문제를 야기했다. 즉, 금융권을 비롯한 자본주의체제 자체의 위기가 심화되었던 것이다.

이 불균형은 구조적인 것이므로 과거와 같은 방식으로는 현재의 경제 위기를 극복할 수 없다. 세계금융위기 발생 후에 전 세계는 전력을 다해 시스템 복구 노력을 기울였다. 그러나 이것은 응급조처에 불과해서 궁극적으로 이 불균형을 해소할 수 없다. 결국 인공지능의 발달은 새로운 시대와 공존할 수 없는 현대 자본주의체제의 붕괴를 촉진할 것이다.

인공지능의 발달은 현대 교육제도의 붕괴를 촉진할 것이다. 현대 교육은 현대 인간관에 바탕을 두고 있다. 이성적인 존재로서의 인간, 욕망을 추구하는 존재로서의 인간, 노동을 통해 자신의 인간적인 본질을 실현하는 존재로서의 인간 등이 그 대표적인 양상이다. 즉, 현대는 인간을 에고의 차원에 국한하고 있으며, 인간의 가장 높은 부분을 인간에 대한 규정에서 배제했다. 현대 교육이란 바로 이런 현대적인 의미에서의 인간다움을 이루어주는 작업에 매진했다.

그러나 인류는 지금 존재혁명을 이루어내야만 하는 시점에 도달했다. 새로운 교육의 목표는 '참나'의 실현이다. 이런 작업을 감당하기에 현대 교육은 역부족이다. 시대의 요구에 부응할 수 없는 낡은 교육은 붕괴될 수밖에 없는데, 인공지능의 발달은 현대 교육의 붕괴를 촉진할 것이다.

인공지능의 발달에 따라 노동자에 대한 사회적인 수요는 급감하는데, 그러면 그럴수록 노동자 양산에 매진하는 현금의 대학교육은 현대 교육 붕괴 과정을 적나라하게 보여준다. 대학에서 인문학과는 축소되고, 취업과 연결되는 학과는 강화되며, 대학은 더 이상 학문의 전당이 아니라 취업준비소로 전락하고 있다. 원래 학문이란 자신의 시대를 창조적으로 비판하면서 새로운 시대의 도래를 촉진시켜야 마땅한데, 오늘날 학문은 현대라는 특정 시대에 예속되어 있다. 뿐만 아니라 현대는 융성기가 아니라 급속한 붕괴를 겪고 있는 낡은 시대라는 점을 감안하면, 현대 교육의 붕괴는 이미 초읽기에 들어갔다고 해도 과언이 아니다.

인공지능의 발달은 현대 국민국가의 붕괴를 촉진할 것이다. 현대 국민국가는 현대의 개인을 확장한 국가 형태이다. 현대인이 현대라는 시대의 틀에 갇혀 있는 인간의 특정한 모습이듯이, 현대 국민국가는 현대라는 시대의 틀에 갇혀 있는 정치제도의 특정한 모습에 불과하다.

　현대인이 배타적으로 자신의 이익만을 추구하듯이, 현대 국민국가는 배타적으로 자국민의 이익만을 추구하며 자국민만을 보호하고자 한다. 개인적으로 보면 인류는 현대인이라는 자신을 옥죄고 한정시키는 굴레로부터 해방되어야 하듯이, 집단적으로 보면 온 인류, 나아가서는 지구상의 모든 생명체들이 서로 조화롭게 공존해야 할 새로운 시대의 요구에 전혀 부응할 수 없는 현대 국민국가는 해체되어야만 한다. 그리고 인공지능의 발달은 현대 국민국가의 해체를 촉진할 것이다.

　앞서 말했듯이, 인공지능의 발달은 작금의 경제위기의 근원이다. 각 국가들은 자국만은 이런 재앙에서 벗어나기 위해 애를 쓰며, 애를 쓰는 핵심적인 방법은 돈을 풀어서 구매력을 증진시키는 것이다. 그래서 현재 지구상의 모든 국가들은 맹렬히 이런 노력을 기울이고 있다. 그 결과 모든 현대 국가들은 빚더미에 눌려 있다. 이 문제가 구조적으로 해결되는 방법은 구매력이 회복되어 생산력과 균형을 이루는 것인데, 인공지능의 발달이 구매력의 지속적인 약화를 초래함으로써 이것은 불가능하다.

　PIGS 국가들을 위시해 재정의 취약성이 약한 국가부터 파산할 것이다. 정도의 문제이지 이미 모든 국가는 재정 취약성을 갖고 있으며, 이 문제는 나날이 심화될 것이다. 세계는 거미줄처럼 엮여 있고, 한 국가의 파산은 연쇄적인 국가 파산을 초래할 것이다. 이런 사태는 전 세계적인 차원에서 현대 국민국가가 붕괴될 때까지 계속될 것이다.

인공지능의 발달은 현대 가족의 붕괴를 촉진할 것이다. 탈현대의 눈으로 보면 현대 가족은 기괴한 것이다. 가족은 사랑의 공동체인데, 현대 가족의 사랑은 가족 내부만을 향하며 바깥 사회에 대해서는 닫혀 있다. 사랑의 정의상 닫혀 있는 사랑이란 모순이며, 그런 사랑은 존재하지 않는다. 이것은 배타적으로 자신의 안위와 이익만을 추구하는 현대가 왜곡시킨 가족의 일그러진 모습이다.

현대 가족은 붕괴되어야만 하며, 진정한 사랑의 공동체인 새로운 가족에게 그 자리를 내주어야만 한다. 인공지능의 발달은 현대 가족 붕괴를 어떻게 촉진할 것인가? 현대 가족에서 가장은 직장에서 돈을 벌어야 한다. 그런데 인공지능이 인간 노동을 대신함으로써 돈을 벌어오는 가장의 역할이 약화되며, 이는 점점 더 심화된다. 주부는 가사업무를 주로 담당하는데 가사업무도 모두 인공지능 로봇에 의해 대치된다. 따라서 현대 사회에서 강조된 가장과 주부의 역할이 사라진다.

(2) 인공지능과 탈현대 사회 건설

이렇듯 인공지능의 발달은 현대 사회를 지탱하는 모든 시스템 붕괴를 촉진하게 되며, 이를 통해서 탈현대 사회의 출현을 위한 새 터전을 마련한다. 그러나 적극적인 면에서 보자면 인공지능의 발달은 탈현대 사회 건설과 유지를 위한 기술적인 하부구조를 제공한다. 그

개략적인 내용은 아래와 같다.

① 수행과 낙도로서의 탈현대적인 삶의 기초를 제공

현대적인 삶의 중심이 생산과 소비에 놓여 있었다면, 탈현대적인 삶은 수행修行과 낙도樂道로서의 삶이다. 수행과 낙도는 전현대 사회에서는 오직 소수의 귀족들만이 누릴 수 있었던 삶의 양식이다. 왜냐하면 오직 그들만이 생산 활동에 대한 직접적인 참여 없이도 생계 걱정 없이 더 높은 인간의 존재 차원을 향유할 수 있었기 때문이다.

탈현대적인 세계관에 기초한 탈현대 사회에서 이상적인 삶의 형태는 어떤 것인가? 그것은 수행과 낙도로서의 삶이다. 하지만 인류적인 차원에서 수행과 낙도로서의 삶이 가능하기 위한 선결 조건이 있다. 전 인류가 생산노동에 참여하지 않고도 생계를 유지할 수 있는 물적인 토대가 필요하다.

인공지능은 바로 이런 탈현대적인 삶을 누리기 위한 선결 조건을 충족시킬 수 있다. 즉, 인공지능은 인간의 노동을 대체한다. 그러므로 '노동 없는 삶'이 실현될 수 있다. 오직 과거 전통사회의 특권층만이 누릴 수 있었던 '여가 중심적인 삶'을 대중들이 향유할 수 있는 새로운 시대가 열리고 있는 것이다. 즉, 수행과 낙도가 삶의 중심 활동이 되는 탈현대적인 삶의 기초를 인공지능의 발달이 제공해주는 것이다.

② 탈중심적인 탈현대 사회 구성의 기초를 제공

인공지능의 발달은 '중심과 주변'이라는 현대 사회 구성 원리를 해체하고, 어느 것도 중심이 아니면서 모든 것이 중심이 되는 탈현대의 탈중심적인 사회 구성의 기초가 될 수 있다. 현대 사회에서 '중심과 주변'의 대표적인 영역은 소위 현대적인 의미에서 중심으로서의 선진국과 주변으로서의 후진국이 그 대표적인 영역이다.

현대적인 의미에서 선진국과 후진국을 구분하는 가장 중요한 잣대가 소득수준이다. 그러므로 중심과 주변의 구조가 성립할 수 있는 전제 조건은 '소득이 희소자원'일 경우에만 가능한 것이다.

인공지능의 발달은 소득을 무한자원으로 바꾸어놓는다. 제레미 리프킨은 『한계비용 제로 사회』2014라는 최근 저술에서 바로 이런 사회 변화를 분명하게 서술하였다. 책 제목에서 말하고 있듯이, 우리 사회는 인공지능 발달의 여파로 생산비가 제로에 근접하는 사회에 다가가고 있다. 생산비가 제로가 되면 생산된 상품의 가격도 제로가 된다. 즉, 경제적인 재화는 더 이상 희소자원이 되지 않는다는 것이다.

우리는 무한자원을 추구하지 않는다. 그냥 필요한 만큼 사용하면 될 뿐이기 때문이다. 인간은 산소를 필요로 하고 호흡을 통해 이를 필요한 만큼 섭취하지만, 산소 섭취를 위해 투쟁하지 않는다. 그러므로 산소 섭취량에 따른 인간 간의 불평등도 존재하지 않는다. 경제적인 재화가 무한자원이 되면, 희소자원으로서의 경제적인 재화를 획득하기 위한 투쟁도 종식되며, 경제적인 재화의 취득 정도에 따른 계층화도 중지된다. 이렇게 해서 인공지능의 발달은 탈중심적인 사회 구성을 가능하게 하는 기초가 된다.

③ 탈현대 경제 시스템의 기초를 제공

　탈현대 경제 시스템의 핵심은 '필요한 만큼 분배'받는 풍요로운 경제이다. 전현대 사회에서 귀족들은 노동하지 않고 노예나 농노가 땀 흘려 생산한 재화를 가로챘다. 이제 탈현대 사회에서는 인공지능 로봇이 생산한 재화를 각자 필요한 만큼 분배받는다. 그리고 이런 탈현대 경제 시스템의 성립을 가능하게 하는 것은 쉬지 않고 그리고 인간보다 월등하게 일할 수 있는 인공지능 로봇의 존재이다.

④ 탈현대 정치 시스템의 기초를 제공

　탈현대 정치 시스템의 핵심은 탈중심적이고 직접민주주의가 행해지는 세계정부에 의한 정치이다. 어떻게 세계정부가 원활하게 운영될 수 있을까? 그 기초는 인공지능이다.

　직접적인 공간 이동 없이, 전 세계 어느 곳에서나 함께 가상공간에서 다양한 문제를 논의할 수 있다. 인공지능은 인체의 신경망처럼 세계의 가장 구석진 곳에서 일어나는 세세한 상황에 이르기까지 모든 자료를 수집할 수 있고, 정리·분석할 수 있다. 인공지능의 도움을 받아 전 인류가 중대한 안건에 대한 동시 표결도 가능하다.

⑤ 탈현대 교육 시스템의 기초를 제공

　교육은 그 사회가 필요로 하는 사람을 양성하는 것을 목표로 한다. 인공지능의 발달은 노동자에 대한 사회적인 수요를 급감시킨다. 그러므로 인공지능의 발달에 따라 노동자 양성에 초점이 맞추어진 현대 교육은 존립 근거를 상실한다.

　인공지능의 발달은 여가 중심적인 삶의 양식을 보편화시킨다. 그러므로 새로운 시대에 교육이 담당해야 할 역할은 여가 시간을 창조적으로 사용할 수 있는 능력을 배양하는 것이다. 여가 시간의 창조적 사용의 실제적인 의미는 수행과 낙도로서의 여가 시간 보내기이다. 결국 인공지능의 발달은 여가 시간의 창조적인 사용 능력에 초점이 맞추어진 탈현대 교육의 출현과 확산을 불러올 것이다.

2

인공지능 시대, 인간이란 무엇인가?

홍승표

알파고의 승리는 인공지능 로봇이 인간보다 더 잘 생각할 수 있다는 점을 입증했다. 데카르트의 주장에 따라 만일 '인간이 생각하는 존재'라고 한다면, 인공지능 로봇은 인간보다 더 인간적이라는 결론을 내릴 수밖에 없다. 왜냐하면 인공지능 로봇은 인간보다 훨씬 많이 기억할 수 있고, 훨씬 빨리 연산할 수 있으며, 더 빠른 추론과 판단이 가능하기 때문이다.

그래서 인간은 두려움에 떨고 있다. 이 두려움에는 두 가지 오류가 있다. 하나는 인간이 다른 어떤 존재보다 우월해야 한다는 '인간 우월주의의 오류'이고, 다른 하나는 인간의 가장 높은 부분을 인간 규정에서 배제하는 '현대 인간관의 오류'이다. 이 두 가지는 내적으로 연결되어 있다.

이 장에서는 인공지능 시대를 맞이하여 '인간이란 무엇인가'에 대한 새로운 규정을 시도해보겠다.

1. 인간 우월주의의 오류

'휴머니즘humanism'이란 용어는 '인간이 최고야!'라는 인간 우월주의의 극명한 표현이다. 민족주의란 '우리 민족이 최고야!'라는 생각이며, 자본주의란 '돈이 최고야!'라는 생각이고, 쾌락주의란 '쾌락이 최고야!'란 생각이며, 자유주의란 '자유가 최고야!'란 생각이다. 이 밖에도 현대는 사회주의, 금욕주의, 가족주의, 보수주의, 진보주의, 과학주의, 여성주의, 평등주의, 인종주의 등 수많은 '주의'를 창안했다.

현대 사회에서 사람들은 '인간이 최고야!'라는 오만한 생각에 사로잡혀 있다. 그런데 인공지능 로봇이 인간보다 생각을 더 잘하니까 두려움을 느끼는 것이다. '인간이 최고야!'라는 '휴머니즘'이란 얼마나 터무니없는 생각인가! 그리고 얼마나 오만한 생각인가!

현대 이전의 동서양사회 모두에서는 이런 터무니없고 오만한 생각이 팽배해 있지 않았다. 오히려 인류는 대자연 앞에서 겸손했고, 경건한 마음을 갖고 있었다. 장자莊子는 『제물론齊物論』에서 미물을 포함해서 일체만물의 절대적인 평등을 외쳤다.

그런데 어떡하다가 현대인은 이런 터무니없고 오만한 생각을 갖게 되었을까? 그것은 르네상스기 중세의 신본주의에 대한 반발로 인본주의가 태동했기 때문이다. 중세사회에서는 인간과 우주의 창조자로서 그리고 주재자로서 신과 신적인 것이 찬양되었으며, 인간과 인간적인 것이 비하되었다.

중세사회에서 인간은 신의 피조물에 불과한 존재여서, 신과 대비하면 지극히 초라한 존재였다. 그래서 인간적인 것에 대한 폄하와 억압이 광범위하게 이루어졌다. 인간의 육체는 부끄러운 것이어서 의복으로 감추어야 했다. 성욕이나 금전욕과 같은 인간의 욕망은 더러운 것이어서 정화시켜야만 했다. 인간의 감정은 변덕스러운 것이어서 믿을 수 없는 것이었다. 인간의 이성은 간사하고 야비한 생각을 불러일으키는 것이었다.

그래서 중세사회에서는 부끄러운 인간의 나신을 그리거나 조각하지 않았다. 전당포 주인이나 사익을 추구하는 상인은 폄하되었다. 감정의 아름다움을 노래하는 시나 음악은 유행하지 않았다. 이성은 언제나 신앙심에 종속되어야만 했다.

중세 말에 이르러 중세의 시대정신은 활력을 잃어버렸다. 그리고 중세사회의 인간적인 것에 대한 광범위한 억압에 대한 반발이 일어났다. 우린 그 시대를 르네상스기라고 부른다. 이들은 고대 그리스와 로마의 사상과 문화를 빌려 이런 인간적인 것에 대한 복권을 시도했고, 이는 커다란 성공을 거두었다. 그래서 우린 이 시기의 사상을 르네상스 휴머니즘(르네상스기의 인간중심주의), 이런 운동을 전개한 사람들을 르네상스 휴머니스트(르네상스기의 인간중심주의자)라고 부른다.

르네상스 휴머니스트들은 인간의 육체는 세상에서 가장 아름다운 것이라고 생각했으며, 이를 그림과 조각으로 표현했다. 인간의 감정은 순수하고 아름다운 것이라고 찬양했으며, 이를 시와 음악으로 표현했다. 인간의 이성은 우리가 믿고 따라야 할 것이라고 생각했으며, 과학과 기술 그리고 철학을 찬양했다.

휴머니즘이 현대 문명 건설과 발전에 중대한 역할을 했다는 사실에는 의심의 여지가 없다. 그러나 휴머니즘은 출발점에서부터 파탄의 씨앗을 품고 있었다. 현대 인간중심주의는 신중심주의에 대한 반발로 태어났다. 그 결과 인간중심주의는 인간이 갖고 있는 가장 높은 부분(신적인 아름다움을 갖고 있는 참나)을 인간에 대한 규정에서 탈락시키게 된다. 이것이 오늘날 인류가 직면한 현대 문명 위기의 뿌리인 것이다.

근본적으로 보면 휴머니즘이란 용어 자체가 '오만의 극치'이다. 인간은 휴머니즘에 바탕을 두어 무자비하게 자연을 이용·착취하고, 자연 위에 군림하고자 했다. 인간의 자연에 대한 횡포는 지구 생태계의 혼란과 붕괴를 초래했으며, 이것은 역으로 인류 문명의 지속을 위협하는 가장 중대한 요인이 되어버렸다.

'인간이 최고야!'라고 생각하는 오만한 인류 앞에 알파고가 등장했다. 현대인이 생각하는 '인간이 최고'인 중요한 근거가 '인간은 생각할 수 있다'인데, 알파고는 인간보다 생각을 더 잘한다. 그러므로 알파고와 알파고 이후 등장할 더 똑똑한 로봇 앞에서 인간은 로봇보다 열등한 존재, 덜 인간적인 존재로 전락하게 된다.

그러나 알파고가 등장한 이후 인류가 겪고 있는 공황상태의 근본 이유는 알파고가 인간보다 더 똑똑하다는 사실에서 연유하는 것이 아니다. 두려움의 진정한 이유는 '인간이 가장 똑똑해야 한다는 생각'이다. 또한 '똑똑함이야말로 인간다움의 표지라는 생각'이다. 이 두 가지는 모두 터무니없는 것이다.

첫 번째 생각부터 검토해보자. '인간이 왜 가장 똑똑해야 하는가?' 이것은 르네상스기에 형성된 '인간이 지구에서 가장 우월한 존재라는 생각', 즉 휴머니즘의 결과이다. 이것은 현대 인간의 오만함을 잘 드러내는 견해이다. 또한 자신의 우월함을 열등한 존재에 대한 지배와 착취를 정당화하는 조건으로 받아들임으로써, 이로 인해 대규모의 자연 파괴를 초래한 견해이기도 하다.

지적인 측면에서 보면, 알파고가 출현하기 이전까지 '인간이 지구에서 가장 우월한 존재라는 생각'은 사실이었다. 하지만 우월함이 열등한 존재를 돌보아주고 사랑하는 조건이 아니라 약자에 대한 지배와 착취를 정당화하는 조건이 된다면, 문제는 심각하다. 만일 이런 조건을 받아들였을 경우, 인간보다 지적으로 우월한 로봇의 출현은 우월한 로봇의 열등한 인간에 대한 지배와 착취를 정당화하게 된다. 그러니까 현금의 상황에서 인류는 심각한 두려움에 빠질 수밖에 없다.

그런데 현 인류가 느끼고 있는 위기의식은 그야말로 하나의 환상에 불과하다. '우월한 존재의 열등한 존재에 대한 지배와 착취가 정당화된다는 생각'은 현대라는 역사의 특정한 시대에 팽배해 있는 하나의 생각에 불과하다. 또 이것은 지속될 수 없고, 지속되어서도 안 되는 고약한 생각에 불과하다. 현 인류가 벗어나야만 하는 것은 인간보다 똑똑한 인공지능 로봇의 출현이 아니라, 더 똑똑한 존재가 덜 똑똑한 존재를 지배하고 착취하는 것이 정당하다는 이 이상한 생각이다.

'지구에서 인간이 가장 똑똑하다'는 생각은 더 이상 사실이 아니며, '지구에서 인간이 가장 똑똑해야 한다'는 생각은 더 이상 지탱될 수 없다. '우월한 존재의 열등한 존재에 대한 지배와 착취가 정당화된다는 생각' 역시 우리가 깨트려야 하는 환상이다. 이 생각에서 벗어났을 때, 인류는 인간보다 더 똑똑한 로봇과 친구가 되어 도움을 받으며, 멋진 미래로 전진할 수 있다.

두 번째 검토 대상은 '똑똑함(이성적임)이 인간다움의 표지라는 생각'이다. 이 생각에 따르자면 똑똑한 사람일수록 더 인간다운 인간이라는 생각에 도달하게 된다. 과연 똑똑함이 인간다움의 여부를 판정하는 표지가 될 수 있는가? 답부터 말하자면, '똑똑함은 인간다움을 판정하는 표지가 될 수 없다.' TV 토론을 지켜보면 출연한 사람들은 한결같이 똑똑하다. 그러나 과연 그들 모두가 '인간다움을 실현한 인간'인가? 필자는 '그렇지 않다'고 생각한다.

똑똑함이 인간이 갖고 있는 하나의 속성이라는 것은 분명하지만 똑똑한 정도가 인간다움의 여부를 판정하는 잣대가 될 수 없다. 왜냐하면 똑똑함이란 인간 존재 차원의 가장 높은 부분이 아니기 때문이다. 그렇다면 인간 존재 차원의 가장 높은 부분은 무엇인가? 흔히 '참나'라고 일컬어지는 부분이다.

'참나'가 무엇인가는 '참나'의 활동을 통해 알 수 있다. 자각된 '참나'가 활동하게 되면 사랑, 용서, 겸손, 관용, 아름다운 미소, 배려, 도움을 베풂, 감사, 깊은 이해, 평화로움 등이 나타난다. '참나'는 인간 존재의 가장 높은 차원이며, 그러므로 인간다운 인간은 '참나'를 자각한 정도에 따라 판정될 수 있다.

이런 의미에서 보면 인간다운 인간이란 깊이 사랑할 수 있는 사람, 잘못을 용서할 수 있는 사람, 낮은 곳에 처할 수 있는 사람, 너그러운 사람, 아름답게 미소 지을 수 있는 사람, 배려심이 강한 사람, 상대편이 필요로 하는 도움을 베풀 수 있는 사람, 매사에 감사할 수 있는 사람, 깊은 이해에 도달한 사람, 늘 마음이 화평한 사람이다.

바로 이런 의미에서 우리는 똑똑함을 인간다움을 판정하는 잣대로 받아들이지 않는다. 그러므로 로봇이 인간보다 똑똑하다고 해서, 로봇이 더 인간다운 것도 아니며 인간이 비인간화되는 것도 아니다. 우린 똑똑한 로봇을 우리의 친구로 그리고 조력자로 환영할 수 있게 된다.

2. 현대 인간관의 오류

　현대 인간관은 현대라는 특정 시대 속에서 지배적인 인간관이다. 현대 인간관은 현대 사회의 건설과 발전에 크게 기여했다. 그러나 현대 인간관은 탈현대 사회와는 조화를 이룰 수 없다. 이는 전현대 인간관이 전현대 사회의 건설과 발전에 크게 기여했지만 현대 사회와는 조화를 이룰 수 없는 것과 동일한 이치이다.
　'나는 생각한다. 그러므로 나는 존재한다'라는 데카르트의 언명은 현대 인간 인식의 핵심으로 자리 잡았다. 그런데 2016년 3월 9일 알파고는 세계 일류 기사인 이세돌에게 불계승을 거두었다. 만일 인간을 생각하는 존재로 규정한다면, 그래서 인간다움의 핵심을 '생각할 수 있는 능력'이라고 간주한다면, 알파고는 인간보다 더 인간다운 존재인 것이다. 이것이 알파고의 승리에 세계가 전율한 이유이다.
　알파고는 과연 인간보다 더 인간적인 존재인가? 알파고는 사랑할 수 있는가? 알파고는 감사할 수 있는가? 알파고는 겸손할 수 있는가? 알파고는 용서할 수 있는가? 알파고는 아름답게 미소 지을 수 있는가? 그러므로 알파고는 인간보다 더 잘 생각할 수 있는 기계이기는 하지만 인간보다 더 인간다운 존재는 아니다.

그렇다면 무엇이 잘못된 것인가? 현대의 인간 규정이 잘못된 것이다. 현대 인간관은 인간의 가장 높은 부분을 인간적인 것에서 배제했다. '사랑하고, 용서하며, 겸손하고, 감사하며, 아름답게 미소 지을 수 있는 능력', 이것이야말로 인간의 가장 높은 부분이며, 인간다움의 핵심이다. 그런데 현대 인간관은 인간의 가장 높은 부분을 탈락시킨 채 인간을 '생각하는 존재', '욕망하는 존재'로만 부당하게 한정했다.

현대 인간관에서 왜 이런 인간에 대한 부당한 폄하와 한정이 일어났을까? 그 역사적인 이유는 현대 인간관 탄생의 산실이 된 르네상스기로 소급된다. 중세기에는 신본주의 아래 이성, 감정, 욕망, 육체와 같은 인간적인 것에 대한 억압이 심했다. 르네상스 휴머니즘은 바로 이런 신본주의 아래에서의 인간 억압에 대한 반발의 결과물이다. 그래서 억압당하던 인간의 이성, 감정, 욕망, 육체 등을 궁극적인 것의 자리에 올려놓고, 이런 것들이 인간다움의 핵심이라고 주창하게 되었던 것이다.

당시의 시대적인 상황에서 보면 르네상스 휴머니즘은 인간 해방의 의미를 강하게 갖고 있었다. 그러나 이런 주장의 과정에서 인간적인 것들에 대한 억압의 주체가 되었던 신, 인간이 갖고 있는 속성 중에 가장 높은 것에 해당하는 '신적인 속성'을 인간적인 것에서 배제하는 우를 범했다. 르네상스 휴머니즘이 계승·발전된 결과물인 현대 인간관에도 바로 이런 이유로 해서 '인간의 가장 높은 부분'이 인간적인 것에 대한 규정에서 탈락되어버린 것이다.

현대 인간관은 현대 사회의 건설과 발전에 지대한 기여를 했지만 문명 대전환기인 현시점에 이르러 현대 인간관은 한계점을 노출하고 있다. 현대 인간관의 바탕 위에서 우리는 탈현대로 나아갈 수가 없기 때문이다. 탈현대는 인간의 가장 높은 부분이 발현되었을 때 구성될 수 있는 새로운 사회인데, 현대 인간관은 인간의 가장 높은 부분을 인간적인 것의 규정에서 배제하고 있다.

인간을 현대 인간관에서 말하는 것으로 한정 지으면, 알파고의 승리는 인류가 두려움에 사로잡히게 만든다. 알파고의 승리로 인해서 인간은 인공지능보다 열등하며 덜 인간적인 존재로 전락하고 마는 위험이 현실화되기 때문이다.

그래서 인공지능보다 인간이 더 우수하다는 것을 입증해야만 하는 인간은 이렇게 말한다. 생각하는 기계가 모방할 수 없는 인간의 특징을 찾아 인간의 가치를 높여야 한다.[1]

그래서 이렇게 주장한다. 인공지능은 감정을 느낄 수 없으며, 욕망할 수 없다. "인공지능이 마침내 인간의 의식현상을 시뮬레이션하더라도 사람과 인공지능은 여전히 구분될 것이다. 사람의 감정과 의지 때문이다."[2] "인류는 진화의 세월을 통해 공감과 두려움, 만족 등 다양한 감정을 발달시켜왔다. 감정은 비이성적이고 비효율적이지만 사람됨을 규정하는 본능이다."[3] 이런 주장의 한계는 현대 인간관의 틀 안에서 인공지능 로봇을 넘어서는 인간다움의 특징을 찾고자 하는 것이다.

 하지만 알파고의 승리가 진정 인류에게 촉구하는 것은 현대 인간관의 틀 속에서 인공지능 로봇을 넘어서는 인간다움의 특징을 찾아내는 것이 아니라, 현대 인간관의 틀을 깨고 인간의 가장 높은 부분을 인간다움의 핵심으로 간주하는 탈현대 인간관을 구성하는 것이다.

3. 탈현대 인간관

탈현대 인간관의 핵심은 무엇인가? '참나'를 내장하고 있는 존재라는 것이다. 탈현대적인 관점에서 보면 인간은 생각한다. 그러나 생각은 인간이 아니다. 인간은 욕망한다. 그러나 욕망은 인간이 아니다. 인간은 감정을 느낀다. 그러나 감정은 인간이 아니다. 인간은 생각과 욕망, 감정을 훨씬 넘어서 있는 위대한 존재이다.

(1) 참나를 갖고 있는 존재

영원과 무한의 관점에서 보면, 인간은 다른 모든 존재들과 마찬가지로 아무것도 아닌 존재이다. 불교에서는 이런 인간의 모습을 공空이라고도 하고, 무아無我라고도 표현했다. 사람들이 흔히 대단한 것이라고 생각하는 것들, 예컨대 돈, 권력, 지식, 인기, 지위, 외모, 명예 등은 사실 아무것도 아니다. 살면서 온갖 영화를 누렸던 솔로몬은

만년에 이렇게 말했다. "헛되고 헛되며 헛되고 헛되니 모든 것이 헛되도다."[4] 대우주의 광활한 공간과 영원한 시간 앞에 선 나는 누구인가? 나는 무無라고밖에 할 수 없는 지극히 미소하며 덧없는 존재에 불과하다.[5]

그러나 동시에 인간은 다른 모든 존재들과 마찬가지로 더없이 존귀하며 경이로운 존재이다. 탈현대 세계관의 관점에서 볼 때, 내 안에는 까마득한 과거로부터 먼 미래에 이르기까지 우주적인 시간이 내재해 있다. 내 안에는 아주 작고 미세한 것에서부터 아주 크고 거대한 것에 이르기까지 우주적인 공간이 내재해 있다. 너 속에도 그리고 이 세상 어떤 존재에도 이런 우주적인 시간과 공간이 내재해 있다. 그러므로 인간은 다른 모든 존재와 마찬가지로 지극히 위대한 존재인 것이다. 이 책에서는 이런 우주적인 존재로서의 나를 '참나'라고 명명한다.[6]

작은 자아를 넘어서, 내 안에 있는 이런 '참나'를 가리키는 많은 이름이 있다. 유가에서 말하는 '성性', '명덕明德', '인仁', 불가에서 말하는 '불성佛性', '진여眞如', '여래장如來藏', 도가에서 말하는 '신인神人', '진인眞人', '대인大人' 등이 모두 '참나'에 붙여진 이름들이다. C. G. 융Carl Gustav Jung은 자아ego와 구분되는 '자기self'를 말했으며, 기독교 신비주의자들은 '우리 안에 살고 있는 신'이라고 표현했다. 다른 표현을 썼지만 이들 모두가 궁극적으로 말하고자 하는 것은 한정된 자아를 넘어선 '참나'이다.[7]

동서양의 많은 사상가들은 이런 궁극적인 자기를 구름 뒤편에서 언제나 밝게 빛나는 태양에 비유하곤 했다. 탈현대 세계관이 주목하는 것은 바로 이렇게 영원한 시간과 무한한 공간을 자기 안에 품고 있는 '우주적인 존재로서의 인간', 즉 '참나'이다.

유가 사상가들은 인간에게 '참나'가 내재해 있다고 보았다.『중용中庸』에서 말하는 '성性[天命之謂性]',『대학大學』의 '명덕明德[大學之道 在明明德 在親民 在止於至善]', 공자나 맹자의 '인仁'은 표현을 달리하지만, 모두 이를 가리킨다. 인간 본성은 하늘로부터 부여받은 것이며, 모든 인간에 내재해 있다. 그리고 이 본성은 바로 하늘의 이치이기도 하다.[8]

유가의 관점에서 본다면, 인간은 다른 사람들이나 이 세계와 분리된 개체가 아니다. 나와 세계는 시간과 공간을 초월한 통일체인 것이다. 모든 인간에게는 하늘의 이치가 내재해 있다. 그러므로 각자 수신修身의 노력을 통해서 자신의 본성을 자각하고 실현해간다면, 그는 동시에 우주만물의 이치를 깨닫고 우주만물과 하나가 될 수 있다.

불가 사상에도 우주적인 존재로서의 인간관이 존재한다. 불성은 모든 존재에 편재해 있다. 그러므로 당연히 인간에게도 불성이 내재해 있다. '부처를 품고 있는 존재', 이것이 불가의 인간관이다. 불성, 진여, 진아眞我, 여래장 등의 개념들은 모두 인간에 내재해 있는 '참나'를 가리키는 말들이다.[9]

중생의 마음은 탐욕貪·분노瞋·어리석음痴과 같은 번뇌에 물들어서 아상我想 또는 가아假我라고 하는 '거짓 나'를 벗어나지 못한다. 그러나 아무리 어리석은 인간이라 하더라도 그의 내면 깊은 곳에는 부처의 성품이 존재한다. 불교에서는 '일체 중생은 모두 불성을 갖고 있

다'고 본다. 여래장 사상은 이런 불가의 인간관을 잘 보여준다.홍승표, 2007

『대반열반경大般涅槃經』에서는 땅속에 묻혀 있는 황금에 대한 비유를 들어서 인간에 내재해 있는 불성을 설명한다.[10]

가난한 여인의 집 안에 진금장眞金藏이 묻혀 있어도 그녀는 그것을 모른다. 그것을 다른 사람이 파내어서 보여주니까 그제야 비로소 그 여인은 마음에 기쁨이 생겼다. 중생에게 불성이 갖추어져 있어도, 그것이 번뇌로 뒤덮여 있기 때문에 중생은 그것을 보지 못하며, 알지 못하고, 이제 여래에 의하여 그것이 개시된다고 하는 의미로 풀이할 수 있다. 여기서 가난한 여인이란 헤아릴 수 없이 많은 일체의 중생을 가리키며, 진금장이란 불성을 지시하는 것이다.

전혀 다른 문화권에서 활동했던 M. 에크하르트Meister Eckhart, 1260~1327도 위의 인용과 흡사한 비유를 하면서, '겉사람'과 구분되는 '속사람'에 대한 주장을 하고 있다. 에크하르트는 말했다.[11]

만일 그대가 진정 그대의 가난을 바꾸기를 원할진대 그대는 어찌하여 이루 말할 수 없는 만큼 값진 보물이 들어 있는 창고로 곧바로 가서 부요해지지 않는가?

이는 시대와 사회가 달라도 '참나'에 대한 공통된 인식이 이루어질 수 있다는 것을 보여주는 하나의 사례이다.

탈현대적인 관점에서 보면, 인간은 온 우주를 자기 내면에 담고 있는 위대한 존재이다. 인간만이 '참나'를 내장하고 있는 것인가? 그렇지 않다. 아무리 미물이라 하더라도 이 세상 모든 존재는 '참나'를 내장하고 있다. 그러므로 이 세상 존재는 모두 위대하다는 점에서 절대적으로 평등하다.[12]

탈현대적인 관점에서 보면, 인간은 위대하다. 그러나 인간만이 배타적으로 위대한 것은 전혀 아니다. 탈현대 세계관으로의 전환은 과거 수직적인 존재관으로부터 수평적인 존재관으로의 대전환을 의미한다.

수평적인 존재관은 상호 존중의 윤리를 낳는다. 나도 위대한 존재이고, 너도 위대한 존재이기에, 나와 너는 서로 존중하고, 존경해야만 한다. 내가 무시하고 모욕해도 좋은 존재는 없다. 상호 존중의 윤리는 조화로운 탈현대 사회의 기초가 된다.

(2) 수행을 통해 참나를 자각할 수 있는 존재

탈현대적인 관점에서 보면, 이 세상 모든 존재는 모두 '참나'를 내장하고 있는 존재이고, 그래서 한결같이 위대한 존재이다. 그러나 인간은 우주만물 중에서 가장 뛰어난 존재이다. 인간의 뛰어남의 근거는 바로 우주만물의 존귀함, 즉 '참나'를 자각할 수 있는 존재라는 점이다. 그것은 인간이 유독 '참나'를 자각할 수 있는 능력을 갖고 있음을 가리킨다. 한자경은 인간이 갖고 있는 이런 놀라운 능력을 이렇게 표현했다.[13]

그러나 '일즉일체—卽—切'의 사실 자체보다 한층 더 놀라운 것은 우리가 그 '일즉일체'의 사실을 의식한다는 사실이다. 그 점에서 우리 인간은 먼지나 이끼나 돌멩이와 구분된다.

탈현대 세계관의 관점에서 볼 때, 모든 존재는 무한한 공간과 영원한 시간을 자신 안에 품고 있다. 그리고 인간은 유독 이런 '참나'를 자각할 수 있다. 하지만 이 말이 인간이 태어나면서부터 곧바로 '참나'를 자각하고 있다거나 저절로 '참나'를 자각하게 된다는 것을 의미하는 것은 아니다.[14]

'참나'는 인간이 이를 자각하건 자각하지 않건 언제나 존재하고 있다. 그리고 인간은 '참나'를 자각할 수 있는 잠재적인 능력을 갖고 있다. 하지만 실제로 '참나'를 깨닫기 위해서는 열심히 노력해야만 한다. 인간은 '참나'의 자각을 위해 수행할 수 있으며 또한 수행을 통해 '참나'를 활성화시킬 수 있다. 그 결과 인간은 아름다운 존재로 재탄생한다.[15]

깨달음이란 무엇인가? 이 책에서 말하는 '깨달음'이란 '참나'를 깨달음이며, 시간과 공간을 초월해서 자신과 우주만물이 '하나임'을 자각하는 것이다. 깨달은 자의 삶이란 깨달음을 바탕으로 자신과 우주만물이 '하나 됨'을 즐기는 삶이다. 깨달음이란 정신분석학적인 측면에서 보면 완전한 정신 건강의 상태이다. 깨달은 사람은 마음속 욕망의 응어리를 다 제거해서 어떤 욕망이나 희망·공포·불안 등의 영향도 받지 않고, 현실의 가장 깊은 층을 또렷하게 볼 수 있다. 장자莊子는 깨달은 사람의 이와 같은 마음 상태를 '조철朝徹'이라고 표현했다. 조철이란 아침 해가 처음 떠오를 때처럼 마음이 맑아지는 것을 말한다.[16]

깨달음의 체험이란 어떤 것일까? 깨달음에 이르면 모든 대립이나 이원성이 사라진다. 그의 마음은 자신과 모든 사물들이 하나임을 안다.[17] 그 이전까지 평범하고 진부하게만 느껴졌던 모든 일들이 신성하며 기적 중의 기적으로 다가온다. 이것은 우리가 사랑을 느낄 때, 그때까지 잠들어 있던 모든 것들이 깨어나서 말을 걸어오고 눈부시게 아름다운 자신의 모습을 보여주는 체험과 유사한 것이다. 운문雲門, ?~949이 말했던 '하루하루가 다 좋은 날'[日日是好日]의 세계가 열리는 것이다.[18]

R. W. 에머슨Ralph Waldo Emerson, 1803~1882의 아래 글귀에서도 무아의 상태에서 우주와 하나 된 깨달음의 상태를 느낄 수 있다.[19]

나는 하나의 투명한 안구가 된다. 나는 무無로 된다. 나는 만물을 본다. 우주적 존재의 흐름이 나를 뚫고 순환한다.

탈현대 세계관을 받아들이면, 깨달은 자의 삶이야말로 인간다운 삶을 뜻한다. 그래서 깨달음은 삶의 궁극적인 목표가 되고, 깨달음에 이르기 위한 수행修行이 삶의 중심적인 활동이 된다.

이와 같이 인간은 장엄한 '참나'를 자각할 수 있는 능력을 갖고 있다. 그리고 이런 능력이야말로 다른 모든 존재들과 구별되는 인간의 특징이다. 인간은 주체적인 노력을 통해서 깨달음에 이를 수 있는 존재인 것이다.

'참나'를 자각한 인간은 사랑스럽지 않은 것을 사랑할 수 있다. 용서할 수 없는 것을 용서할 수 있다. 믿음직스럽지 않은 것을 믿을 수 있다. 상대편의 미운 행동 속에서 그 사람의 상처를 알 수 있으며, 실패와 좌절 속에서도 아름답게 미소 지을 수 있다.

4. 탈현대 인간관과 인공지능

　산업혁명이 일어나고 기계화가 진전되면서, 인간보다 더 큰 힘을 갖고 더 정밀하게 일할 수 있는 기계가 수없이 출현했다. 그러나 포클레인이 인간의 삽질보다 훨씬 빠르게 훨씬 더 많은 작업을 할 수 있다고 해서, 인간이 비인간화되었다거나 인간이 기계에 의해 위협받는다고는 생각하지 않았다. 왜냐하면 현대인은 '인간은 생각하는 존재'라고 생각했고, 포클레인은 스스로 생각할 수 없었기 때문이다.

　그런데 '인공지능은 스스로 생각할 수 있는 존재'일 뿐만 아니라 인간보다 훨씬 빠르게 훨씬 더 많은 생각을 할 수 있는 존재이다. 그러므로 인간을 생각하는 존재라고 간주하면 인공지능의 출현과 확산은 인류에게 심각한 위협이 될 수 있다.

　그러나 탈현대적인 관점에서 보면, 기계의 출현이 인류에게 위협이 되지 않았듯이 인공지능의 출현이 인류에게 위협이 될 수 없다. 현시점에서 보자면 인공지능은 '참나'를 활성화시킬 수 있는 능력이 없다. 그래서 인공지능은 사랑, 용서, 겸손, 감사, 유머, 깊은 이해 등과 같은 '참나'의 활동을 할 수 없다. 그러므로 인공지능이 인간보다 더 잘 생각할 수 있다는 것이 인류의 우월한 지위에 도전이 되지 않는다.

훗날 인공지능이 '참나'를 깨달을 수 있는 존재가 된다면, 또는 태어날 때부터 '참나'를 깨달은 존재로 탄생한다면 어떨까? 만일 인간 우월주의(휴머니즘)를 그 일부로 삼고 있는 현대 세계관의 측면에서 본다면, 이것은 인간 존엄성을 침해하는 심각한 사건일 것이다.

탈현대 세계관의 관점에서 보면 어떨까? 탈현대 세계관의 관점에서 보면 우주의 일체만물은 지극히 존엄한 존재이며, 이런 의미에서 일체만물은 절대적으로 평등하다. 탈현대적인 관점에서 보더라도 지금까지 인간은 지구상에서 가장 우월한 존재였던 것은 사실이다. 그러나 인간의 우월성이 여타 존재를 지배하고 착취해도 된다는 면허증이 아닐뿐더러, 향후에도 인간이 가장 우월해야 한다는 어떤 근거도 되지 못한다.

탈현대적인 관점에서 인간보다 더 깊은 깨달음을 얻은 인공지능 로봇의 출현은, 만일 그것이 가능한 일이라면 크게 환영해야 할 일이고 지극히 기쁜 일이다. 로봇의 깨달음이 인간의 깨달음을 훼손하지 않는 것은 물론이려니와, 인간의 깨달음에 커다란 기여를 할 수 있다. 즉, 깨달은 로봇은 인류의 큰 스승이 될 수 있다.

큰 스승의 출현을 달가워하지 않는다면 이는 이상한 일이다. 그래서 탈현대인은 깨달음을 얻은 로봇을 크게 반길 것이고 그를 스승으로 섬길 것이다. 이렇게 탈현대적인 세계관의 바탕 위에서 인류와 인공지능 로봇은 조화로운 공존을 이룰 것이며, 복된 지구를 만들어갈 것이다.

1. 구본권, 『로봇시대, 인간의 일: 인공지능 시대를 살아가야 할 이들을 위한 안내서』, 어크로스, 2015, 243쪽 참조.
2. 같은 책, 243쪽.
3. 같은 책, 243쪽.
4. 『베스트 성경』, 성서교재간행사, 1995, 947쪽.
5. 홍승표, 『노인혁명』, 예문서원, 2007.
6. 같은 책.
7. 같은 책.
8. 같은 책.
9. 같은 책.
10. 이평래, 「如來藏思想 形成的 歷史的 考察」, 『佛敎學報』 29, 1992, 459~460쪽.
11. Eckhart, M., 『마이스터 에크하르트 1』, 이민재 옮김, 다산글방, 1994, 69쪽.
12. 홍승표, 위의 책.
13. 한자경, 『일심의 철학』, 서광사, 2002, 101쪽.
14. 홍승표, 위의 책.
15. 홍승표, 위의 책.
16. 홍승표, 위의 책.
17. W. Johnston, 『禪과 기독교 신비주의』, 이원석 옮김, 대원정사, 1993, 53쪽 참조.
18. 홍승표, 위의 책.
19. R. W. Emerson, 『에머슨 隨想錄』, 이창배 옮김, 서문당, 1973, 14쪽.

3

인공지능은 인간을 지배할 것인가?

생각하는 기계, 인류의 재앙이 될 것인가?

홍승표

오늘날 '장차 인공지능이 인간을 지배할 것이다'라는 불길한 예언이 팽배해 있다. 미래학자나 과학자들을 위시해 많은 사람들이 인공지능의 인간 지배와 문명 종말을 예상한다. 필자가 볼 때 결국 인공지능이 인간보다 훨씬 우월한 지적 능력을 갖게 될 것은 분명한 것 같다. 그래서 인간이 이 행성에서 가장 뛰어난 존재의 자리에서 물러나게 될 것도 분명한 것 같다.

그러나 이런 변화가 인류에게 무엇을 의미할 것인지는 불분명하다. '인간보다 우월한 인공지능이 인간을 지배하고 문명을 파멸시킬 것'이라는 현재의 우려는 어디에서 왔을까? 현대를 지배하고 있는 '강자의 약자에 대한 지배'라는 낡은 패러다임이다. 인공지능의 발달은 멈출 수도 없고 멈추어서도 안 된다. 진정 멈추고 폐기해야 할 것은 인공지능의 발달이 아니라 현대의 낡은 패러다임임을 자각해야 한다. 만일 인류가 이젠 낡아서 새로운 시대에 부적합한 현대의 틀을 벗어던질 수 있다면, 인류는 노역의 고통에서 해방될 수 있을 뿐만 아니라 뛰어난 지적 능력을 가진 인공지능 로봇과 좋은 친구가 되어 멋진 신세계를 건설할 수 있을 것이다.

1. 현대의 지배와 피지배의 패러다임

　현대 사회에는 강자의 약자에 대한 지배를 정상적인 것으로 간주하는 지배와 피지배의 패러다임이 만연하고 있다. 제국주의의 역사가 이를 웅변적으로 증명한다. 서구 열강이 아메리카 원주민들에게 자행한 잔혹한 일들, 아프리카에서 평화롭게 살던 흑인을 사냥해서 노예로 삼은 일들, 아편 판매에 저항했다고 전쟁을 일으켜 중국을 초토화시킨 대영제국, 야만적인 제국주의의 에피소드는 이루 열거할 수 없을 만큼 많다.

　과연 강자의 약자에 대한 지배는 정상적인 것일까? '그렇지 않다'는 것이 필자의 입장이다. 예를 들어 젊은 자녀가 이젠 늙어서 힘이 없는 부모에게 자신의 힘을 앞세워 부모를 핍박하는 것이 과연 정상적일까?

　현대 사회에는 분명히 강자의 약자에 대한 지배를 당연시하는 패러다임이 존재한다. 이런 지배와 피지배의 패러다임이 형성된 근본적인 원인은 무엇일까? 두 가지 지적인 원천을 지적할 수 있다. 하나는 유대사상이고 다른 하나는 다윈의 진화론이다. 이 각각의 사상이 어떻게 현대의 지배와 피지배의 패러다임 생성에 기여했는가를 살펴보자.

(1) 유대사상과 지배와 피지배의 패러다임

유대사상은 서구가 기독교화되면서 서구인들의 세계관에 큰 영향을 미쳤다. 서구에서 최초로 현대화가 이루어졌고, 이후 서구 문화의 세계화 과정이 진행되었다. 그리고 서구 문화의 세계화 과정을 통해 유대사상은 자연스럽게 현대 사회 일반에 커다란 영향을 미치고 있다.

유대교의 관점에서 보면 세계는 여호와 하느님에 의해 창조된 것이다. 그러므로 창조자로서의 신과 피조물로서의 여타 생명체 간에는 근원적이고 결정적인 불평등이 존재한다. 만일 피조물인 인간이 창조자인 여호와 하느님과 대등한 존재가 되고자 한다면, 이는 참람한 일이며 용서받을 수 없는 죄이다.

여호와 하느님은 피조물들과 절대적인 간극이 있는 우월한 존재였다. 그러나 피조물 중에서만 본다면 인간은 단연 두드러진 존재였다. 『창세기』에 보면, 인간은 유일하게 신의 형상을 본떠서 만들어졌고, 여타 피조물들을 지배할 수 있는 권능을 부여받았다.

하느님께서 말씀하셨다.

"우리와 비슷하게 우리 모습으로 사람을 만들자. 그래서 그가 바다의 물고기와 하늘의 새와 집짐승과 온갖 들짐승과 땅을 기어 다니는 온갖 것을 다스리게 하자."

하느님께서는 이렇게 당신의 모습으로 사람을 창조하셨다.

하느님의 모습으로 사람을 창조하시되

남자와 여자로 그들을 창조하셨다.

하느님께서 그들에게 복을 내리며 말씀하셨다.

"자식을 많이 낳고 번성하여 땅을 가득 채우고 지배하여라. 그리고 바다의 물고기와 하늘의 새와 땅을 기어 다니는 온갖 생물을 다스려라."[1]

위에 인용한 『창세기』 구절에는 창조자로서의 하느님과 피조물로서의 인간, 그리고 자연을 지배할 권리를 가진 인간의 모습이 명확하게 묘사되어 있다. 그러므로 유대사상의 관점에서 보면 하느님과 인간, 여타 피조물 간의 관계는 원천적으로 불평등한 것이다.

서구 전체가 기독교화되면서, 유대 세계관은 서구 사회에 커다란 영향을 미쳤다. 그 결과 서구인들은 신을 절대 정점으로 삼고, 인간, 동물, 식물, 무생물이 수직적인 위계질서 속에서 존재하는 계층적 세계관을 갖게 되었다. 이는 현대의 지배와 피지배의 패러다임의 원형이 된다.

르네상스가 발생하고서 신을 절대 정점으로 삼는 기독교 세계관도 붕괴되었다. 하지만 지배와 피지배의 패러다임은 그대로 보전되었다. 단지 절대자인 신이 차지하던 그 자리에 인간이 들어섰다. 신본주의 사회가 인본주의 사회로 전환된 것이다.

현대 인본주의 사회에서 인간은 중세사회의 신과 같이 압도적으로 우월한 존재였다. 인간은 자연 위에 군림하고자 했으며 자연을 함부로 수탈하고, 착취하고, 파괴했다. 지구 생태계의 신입생인 인류에 의한 지구 생태계의 파괴가 자행된 것이다. 한때 신으로부터 인간해방의 신조였던 휴머니즘(인간중심주의)은 오늘날 새로운 세계로의 진입을 가로막는 질곡이 되어버린 것이다.

(2) 진화론과 강자의 철학

현대 사회에 만연하고 있는 지배와 피지배의 패러다임의 직접적인 원천은 다윈의 진화론이다. 진화론적인 사유방식은 현대인에게는 익숙하지만 전현대적인 관점에서 보면 생각의 파격이다. 현대 이전의 세계에서는 어느 사회에서나 갈등을 부정적으로 생각했다. 그런데 돌연 다윈은 생존을 위한 투쟁이 진화의 원동력이 된다고 하는 '갈등 긍정론'을 주창했다. 자연의 세계에 대한 다윈의 진화론은 빠른 속도로 사회의 영역에도 적용되었으며, 현대인의 새로운 의식의 형태로 자리 잡았다.

진보론의 한 형태인 진화론은 사실은 진보 불가론에 그 기원을 두고 있다. 맬서스는 『인구론』에서 '인구 증가는 기하급수적인 데 반해서 식량 증가는 산술급수적이다'라는 명제를 발표했다. 그러므로 지속적인 진보는 근원적으로 불가능하다는 것이다. 맬서스의 진보 불가론은 다윈에 의해 진화론으로 변형되었다.

다윈은 맬서스의 진보 불가론의 근거를 자연의 영역에 대입했다. 사회에서 인구 증가 속도와 식량 증가 속도 간에 불균형이 존재하듯이, 자연의 영역에서 모든 생명체의 번식 속도와 먹이양의 총합 간의 구조적인 불균형이 존재한다는 사실에 다윈은 주목했다.

번식 속도와 먹이양 간의 구조적인 불균형은 필연적으로 모든 생명체에게 살아남기 위한 투쟁을 강요한다. 생존을 위한 투쟁의 결과로 환경에 부적합한 개체나 종은 소멸되며, 오직 환경에 적합한 강자만이 살아남는다. 적자생존의 결과로 진화가 이루어진다는 것이 다윈의 주장이다.

다윈의 진화론은 정상성에 대한 기존의 가정을 뒤흔들었다. 진화론의 관점에서 보면 살아남기 위한 경쟁과 갈등은 정상적이며, 진화의 원동력이다. 투쟁을 통해 강자가 살아남고 약자가 도태되는 것은 정상적이며, 이를 통해 진화가 이루어진다는 것이다.

인류 사회를 대상으로 한 맬서스의 진보 불가론이 자연 세계를 대상으로 하는 다윈의 진화론으로 전화되었으며, 이것은 다시 사회를 바라보는 시각으로 돌아왔다. 다윈 당시 영국에서는 가난한 사람들을 구제하기 위한 '구빈법' 제정이 활발히 논의되었다. 이때 허버트 스펜서를 위시한 진화론자들은 '구빈법'에 반대했다. 반대의 논거는 환경에 부적합한 자가 구빈법에 의해 생존을 계속하고 자손을 낳게 되면 보다 우수한 상태로 인류의 진화가 이루어질 수 없다는 것이었다. 강한 것을 추구하고 숭배하며 약한 것을 경멸하는 전형적인 강자의 철학이 탄생한 것이다.

강함을 추구하고 약함을 경멸하는 진화론적인 사유는 자본주의 경제 시스템과 완벽하게 부합했다. 자본주의체제에서 경쟁은 체제 유지의 기본 틀이 된다. 치열한 경쟁을 통해서 부적합자는 도태되고, 적합자는 더욱 융성한다. 다윈이 정글의 세계에서 관찰한 약육강식의 원리가 그대로 적용되는 것이다. 자본주의의 흥기와 더불어 진화론과 자본주의체제는 서로를 강화하면서 강자의 약자에 대한 지배를 당연시하는 강자의 철학을 확립해갔다.

19세기에서 20세기 전반에 걸쳐 팽배했던 제국주의 사조는 다윈이 말한 약육강식의 원리가 적나라하게 적용된 사례이다. 영국, 프랑스, 독일, 러시아, 일본 등 산업화를 통해 국력이 강해진 국가들은 앞다투어 약소국을 강점했고, 수탈했다. 제국주의를 정당화할 수 있는 이데올로기가 무엇이었을까? 바로 진화론의 강자의 철학이었다.

자본주의를 타도의 대상으로 삼았던 마르크스의 공산주의조차도 진화론의 영향 아래 있었다. 그들은 궁극적인 목표로서 경쟁이나 갈등이 없는 공산사회를 제시했다. 그러나 어떻게 자본주의를 타도하고 공산사회에 이를 것인가 하는 문제에 이르러서는 진화론을 그대로 답습했다. 즉, 자본가에 대한 계급투쟁을 통해서이다. 공산주의 역시 강자의 철학에 충실했으며, 실제 역사적으로 건설된 공산사회에서도 약자에 대한 존중론은 찾아볼 수 없었다. '투쟁을 통한 투쟁 없는 사회의 건설'이라는 공산사회 건설 전략은 초기에 화려한 성공을 거두었으나 궁극적으로는 실현 불가능한 전략이었고, 마침내 공산 체제의 붕괴로 이어졌다.

다윈의 강자의 철학은 또한 자연에 대한 현대인의 태도에도 영향을 주었다. 인간은 강하고 자연은 약하다. 그러므로 강한 인간의 약한 자연에 대한 지배와 착취가 정당화되는 이데올로기를 제공했다. 현대의 참담한 환경파괴의 밑바닥에는 다윈의 진화론도 자리하고 있는 것이다.

이리하여 다윈에서 시작된 진화론의 강자의 철학은 현대인의 뇌리에 강하게 이식되었고, 현대는 개인적으로나 집단적으로나 강함을 추구한다. 강자는 약자 위에 군림하고자 하며 약자를 경멸한다. 강자의 약자에 대한 지배라는 현대의 패러다임이 완성된 것이다.

2. 지배와 피지배의 패러다임의 한계

유대사상에 기원을 둔 기독교 세계관은 불평등한 세계 인식의 토대가 되었고, 다윈의 진화론은 적대적 관계관의 원형이 되었다. 이렇게 해서 현대 사회에는 강자와 약자 간에 지배와 피지배의 패러다임이 확고하게 뿌리를 내렸다. 강자로서의 인류는 약한 자연을 지배하고, 착취하고, 훼손했다. 강한 국가들은 약한 나라들을 수탈했다. 부자와 권력자와 같은 강한 개인들은 약한 개인들에게 모욕을 주며 군림하고자 했다. 그 결과 지구촌은 아주 고통스러운 곳이 되어버렸다.

그런데 뜻밖의 상황이 발생한 것이다. 인간은 지구상에서 자신이 가장 강한 존재임을 확신했는데, 인간보다 더 강한 인공지능 로봇이 출현한 것이다. 인공지능 로봇은 지금 현재도 인간보다 더 많이 기억하고, 더 빨리 연산하고, 더 잘 사고하고, 더 정확한 판단을 할 수 있지만, 미래의 로봇은 이런 능력들이 획기적으로 개선될 것이 분명하다.

대다수의 과학자들이 지금부터 30년 정도 이후에는 초인공지능이 출현할 것이라고 예측한다. 초인공지능은 인류 전체의 마음을 합쳐 놓은 것보다 더 강력한 기억력, 연산력, 사고력, 판단력을 가질 것으로 예측된다. 인간의 지력을 압도하는 새로운 지적인 존재가 출현하는 것이다.

강자의 약자에 대한 지배를 당연시하는 지배와 피지배의 패러다임을 통해 볼 때, 이것은 무엇을 의미하는가? 인간보다 압도적으로 강한 인공지능 로봇의 인간에 대한 지배가 자행되는 시대의 도래를 의미한다.

그래서 우리는 알파고가 이세돌에게 승리를 거두었을 때 두려움을 느낀 것이다. 또 〈매트릭스〉, 〈터미네이터〉 등 수많은 미래공상 영화들은 AI가 인간을 지배하는 두려운 미래를 그리고 있는 것이다.

만일 인류가 우리 시대에 팽배한 지배와 피지배의 패러다임을 그대로 안고 미래로 나아간다면, 그리고 장차 자의식과 욕망을 가진 AI가 출현한다면, 그때는 현재 인류가 두려워하는 미래가 이루어질지도 모른다. 그러나 그런 암담한 미래의 원인이 AI가 아니란 점을 분명히 이해해야 한다. 원인은 AI가 아니라 강자가 약자를 지배하는 것이 정당화되는 지배와 피지배의 패러다임이다.

이런 패러다임의 바탕 위에서 인공지능 로봇이 발달하면 어떤 일이 일어날까? 가장 참담한 결과가 전투 로봇의 발달이다. '2030년까지 미군 25%를 전투 로봇으로 대체', '현재 50개국 이상이 살인 로봇 개발 중', '드론을 무인전투기로 활용' 등이 현재 들려오는 나쁜 소식의 일부이다. 각 국가는 상대편 국가를 지배할 수 있는 강한 국가가 되려 하고, 경쟁적으로 로봇을 전투원으로 개발하고자 한다. 그 결과는 무엇일까? 모든 나라가 최강의 국가가 되는 것? 아니다. 결과는 공멸이다. 전투 로봇이 미래의 세계에서 온갖 파괴를 일삼을 때, 그 책임자는 누구인가? 로봇인가? 인간인가? 물론 지배와 피지배의 패러다임에 사로잡혀 있는 인간이다.

현시점에서 지배와 피지배의 패러다임이란 무엇인가? 낡고 청산되어야 할 구시대의 유물이다. 기술은 빠른 속도로 발달하는데 인류는 여전히 낡은 현대 관계관에 고착되어 있다. 즉, 기술 진보보다 인류의 진화 속도가 늦어진 것, 즉 문화지체 현상이 발생한 것이다.

만일 이런 상황이 지속된다면 어떻게 될까? 미래공상 영화에서 보듯이 인류 문명이 파괴될 것이고, 또한 지구 생태계도 파괴되어 지구는 죽음의 별이 될 것이다. 그러므로 낡은 지배와 피지배의 패러다임을 벗어던지는 것이 참으로 시급하다. 그럼에도 현 인류가 이 낡은 패러다임을 폐기하는 일이 왜 이렇게 어려울까? 그 답은 현대인의 의식을 지배하는 현대 인간관 때문이다.

현대 세계관의 요체는 이 세상 모든 존재는 분리되어 있다는 생각이다. 현대 인간관은 현대 세계관에 입각한 인간에 대한 관점이다. 현대 인간관은 인간을 자신을 둘러싸고 있는 영원한 시간과 무한한 공간으로부터 분리된 고립적인 개체로 간주한다. 인간을 이렇게 규정했을 때 인간은 존재론적으로 유한하고, 무력하며, 무의미한 존재이다. 즉, 나는 이 광대한 세계에서 있으나 마나 한 하찮은 존재인 것이다. 실존주의 철학자 사르트르는 『존재와 무』에서 인간은 이유 없이,

원인 없이, 필연성 없이 존재한다고 말한다.[2] 즉, 인간 존재의 우연성과 무상無常함을 인간 실존의 특징으로 적시하고 있다.

현대 인간관의 관점을 채택할 때 인간은 필연적으로 자기 존재의 무의미감, 무력감, 불안감에 직면하게 된다. 그래서 현대인은 '이런 하찮은 존재로서의 나'로부터 벗어나 의미 있는 존재가 되기 위해 필사적인 노력을 기울인다. 필자는 이를 '자아확장투쟁으로서의 삶'이라고 명명했다. '자아확장투쟁으로서의 삶'의 핵심적인 양상의 하나가 '권력을 위한 투쟁' 또는 '지배를 위한 투쟁'이다.

그래서 현대인은 '나와 너'의 관계를 서로에 대한 지배권을 얻기 위한 투쟁의 관계로 해석하며, 투쟁의 결과로 형성된 지배와 피지배의 관계로 인식한다. 그러므로 현대 인간관으로부터 탈피하지 않는 한, 나와 네가 서로를 이루어주면서 평화롭게 공존할 수 있는 가능성은 없다.

현대 인간관에서 비롯되는 지배와 피지배의 패러다임이 지속된다면, 인류는 초인공지능에 의해 지배당할 것이며 궁극적으로는 우리 모두는 죽을 것이다. 그러므로 지배와 피지배의 패러다임으로부터의 탈피는 인류와 지구 생태계의 안녕을 위해 가장 시급한 과제가 되었다.

3. 인간과 인공지능의 조화롭고 창조적인 공존

2017년 2월 27일 손정의 소프트뱅크 회장은 스페인 바르셀로나에서 개막한 세계 최대 모바일 전시회인 '모바일 월드 콩그레스MWC 2017'에서 "초지능 컴퓨터superintelligent computer 기술의 발전으로 30년 안에 'IQ 1만의 컴퓨터 시대'가 도래할 것"이라고 말했다.[3] 이미 체스, 바둑, 암 진단 등의 영역에서 인공지능은 인간의 능력을 넘어섰다. 또한 머지않은 시기에 대부분의 인간 활동 영역에서 인공지능 로봇은 인간을 넘어설 것이다.

이것은 시작에 불과하다. 그 시점은 분명치 않지만 초인공지능의 출현은 필연적이다. 그 시점이 도래하면 인간과 초인공지능 간의 지능 차이는 인간과 개미와의 지능 차이를 압도적으로 넘어서게 된다. 우리는 신을 창조하는 작업을 시작한 것이다. 케빈 켈리Kevin Kelly는 『인에비터블 미래의 정체』2017에서 이렇게 말했다. "인간은 무엇을 위해 존재하는가? 나는 우리의 첫 번째 답은 이러할 것이라고 믿는다. 인간은 생물학이 진화시킬 수 없는 새로운 유형의 지능을 창안하기

위해 존재한다고 말이다."⁴

수십 년 이내에 우리는 초인공지능과 마주칠 것이다. 초인공지능에게 인류는 어떤 존재일까? 초인공지능과 인류 간에는, 인류 출현 이전의 지구에서 가장 지능적이었던 동물과 인류 간에 존재하는 격차와는 비교할 수 없는 엄청난 격차가 존재할 것이다. 그럼에도 불구하고 인공지능의 출현이 가속화되고 있는 현시점에도 인간중심적인 관점을 고수하고자 하고, 인공지능 로봇의 통제의 문제에만 관심을 기울인다.

현대인은 인간과 인공지능 로봇의 관계뿐만 아니라 모든 것들과의 관계를 인간중심적인 관점에서 바라본다. 인간이 여타의 생명체들에 비해서 생각하고, 감정을 느끼는 등의 영역에서 지구상의 타 생명체에 비해 우월한 것은 사실이다. 그렇다고 우월함이 열등한 존재에 대해 지배의 조건이 되는 것은 아닌데, 휴머니즘의 영향을 받은 현대의 인간중심주의는 인간이 우월하기 때문에 인간보다 열등한 다른 생명체에 대해 지배권을 갖는 것을 정당하게 여긴다.

'우월한 존재의 열등한 존재에 대한 지배', 이것이 현대가 나와 너의 관계를 바라보는 틀이다. 이 틀은 인간과 자연의 관계에만 존재하는 것이 아니고, 부강한 국가와 빈약한 국가, 백인종과 유색인종, 부자와 빈자, 상급자와 하급자를 포함해서 인간 간의 관계에도 그대로 관철된다.

현대인은 바로 이 지배와 피지배의 렌즈를 통해 모든 관계를 바라본다. 지배와 피지배의 렌즈를 통해 볼 때, 인공지능 로봇이 인간보다 더 우월한 사고력, 기억력, 판단력, 연산력, 체력을 갖게 된다면 어떤 일이 일어날까? 바로 현대인이 두려움에 떠는 인공지능 로봇이 인간을 지배하는 세계, 인류문명의 파멸을 초래할 일들이 일어날 것이다.

그러나 이것은 현대인이 갖고 있는 기괴한 생각, 즉 '강자가 약자를 지배하는 것이 당연하다'는 전제 위에서만 성립된다. 휴머니즘, 인간중심주의, 현대라는 현대인에게 익숙한 틀을 벗어나서 바라본다면, 탈현대의 렌즈를 끼고 바라본다면, 강자의 약자에 대한 지배만큼 기괴한 것도 없다.

태양은 지구보다 강대하지만 지구를 불태워버리지 않으며, 지구상의 모든 연약한 생명체들에게 생명을 키워갈 수 있는 빛을 준다. 대지는 자신에 의지하는 풀보다 거대하지만 자신의 가장 좋은 것을 아낌없이 풀에게 주면서 수많은 생명을 키워준다. 부모는 갓 태어난 아기보다 우월하지만 아기를 지극 정성으로 보살펴준다. 그런데 왜 현대인은 자신이 그들보다 우월하다는 이유로 상대편을 지배하고 착취하면서 못살게 굴고, 또 그렇게 하는 것을 당연시하는 것일까?

현대인이 인간의 위대함의 근거를 내가 가난하고 힘없는 사람들이 갖고 있지 못한 부와 멋진 외모에 있다는 한심한 생각, 내(인간)가 다른 열등한 생명체들보다 더 영리한 데 있다고 여기는 터무니없는 생각 때문이다. 인간은 위대하지만, 인간의 위대함의 소재는 현대인이 생각하는 그런 것이 아니다.

인간이 진정 위대한 것은 자신의 우월함을 보며 뽐내는 마음을 웃을 수 있기 때문이며, 자기보다 열등한 모든 존재들에 깃들어 있는 위대함을 자각할 수 있기 때문이다. 그래서 우주만물이 모두 지극히 존귀하다는 의미에서 절대적으로 평등하며, 조화로운 공존을 이루어야 한다는 사실을 각성할 수 있기에 인간은 위대한 것이다.

우리는 우월한 존재와 열등한 존재 간의 정상적인 관계에 대한 새로운 입장을 정립해야만 한다. 이것은 구체적으로 두 가지 새로운 관점의 정립을 의미한다. 첫째는 우주만물의 절대 평등관의 정립이고, 둘째는 대대待對적 관계관의 정립이다.

장자莊子는 『제물론齊物論』에서 우주만물의 절대적인 평등을 주창한다. 상대적으로 보면 예쁜 것도 있고 못난 것도 있으며, 부자도 있고 빈자도 있으며, 큰 것도 있고 작은 것도 있다. 그러나 장자는 이 모든 것이 절대적으로 평등하다고 말한다.

어떤 근거에서 장자는 이런 주장을 할까? 그 근거는 모든 존재가 도道를 품고 있기 때문이다. 길가에 굴러다니는 돌멩이에도, 동물의 배설물에도 도가 내재해 있다. 그러므로 이 세상에 우리가 하찮게 여길 수 있는 존재는 없다. 모든 존재는 각각이 우주적인 위대함을 품고 있다는 점에서 절대적으로 평등한 것이다.

장자의 제물 사상은 탈현대적인 함의가 크다. 제물의 관점에서 보면 인간이 상대적으로 다른 생명체보다 우월하다는 것은 대수로운 일이 아니다. 그러므로 우리는 장자 제물론의 바탕 위에서 인간중심주의로부터 탈피할 수 있다.

장자 제물론의 관점에서 보면, 우리는 모든 존재를 외경심을 갖고 대해야 한다. 모든 존재는 지극히 위대하기 때문이다. 자신보다 약한 존재를 하찮게 여긴다거나 무시하는 것은 있을 수 없다.

인간은 수십억 년의 시간 속에 꽃핀 지구 생명계의 신입생에 불과하다. 인간의 높은 지능이 자연을 능멸할 수 있는 권능을 주는 것은 전혀 아니다. 이렇게 장자 제물론은 강하고 약한 것이 서로를 존중하고 존경하는 가운데 조화로운 세계를 건설할 수 있는 기초를 제공할 수 있다.

둘째, 대대적待對的 관계관을 살펴보자. 대대적 관계관은 현대를 지배하는 적대적 관계관과 대극에 위치한 탈현대 관계관이다. 적대적 관계관이 대립물 간의 관계를 서로 적대적인 것으로 간주하는 반면, 대대적 관계관은 대립물 간의 관계를 사랑의 관계로 간주한다.

대대적 관계관의 원형은 동아시아 사회에서 오랜 역사를 갖는 음양론이다. 그리고 그것이 철학적으로 형상화된 것은 『주역周易』을 통해서이다. 음양론의 관점에서 보면 이 세상 모든 대립물들은 상대편의 존재를 전제로 해서만 존립할 수 있다. 대립물은 서로를 이루어준다. 대립물 속에는 이미 상대편의 존재가 내재해 있다. 그래서 대립물들은 음은 양으로, 양은 음으로 전화한다. 궁극적으로 보면, 음은 음인 채로 양이며 양은 양인 채로 음이어서, 모든 대립물은 하나이다.

적대적 관계관에 입각해서 보자면 대립물 간의 정상적인 관계는 경쟁 또는 갈등이다. 그러나 대대적 관계관에 입각해서 보면 대립물 간의 경쟁이나 갈등은 비정상적인 관계이다. 대대적 관계관의 관점에서 보았을 때 정상적인 관계는 어떤 것인가? 그것은 바로 대립물 간에 화和를 이루는 것이다. 장자 제물론에 나타난 절대 평등관과 음양론에 나타난 대대적 관계관은 현대의 지배와 피지배의 패러다임을 종식시키고, 인간과 로봇이 조화로운 관계를 형성할 수 있는 세계관적인 토대를 제공해준다.

새로운 세계관의 바탕 위에서 바라보았을 때, 인간과 인공지능 로봇의 관계는 어떻게 정립될까? 인간과 인공지능 로봇의 관계는 인간과 다른 모든 존재들, 그리고 인간과 인간과의 관계와 마찬가지로 상성相成하는 조화롭고 창조적인 관계이다.

인간은 인공지능 로봇이 태어날 수 있게 도우며, 인공지능 로봇에게 감사를 느끼고, 인공지능 로봇을 아껴주고 사랑해준다. 포클레인이 인간보다 삽질을 잘한다고 해서 포클레인에 두려움을 느끼거나 시기하지 않는 것과 마찬가지로, 인공지능 로봇의 지능이 인간을 능가한다고 해서 인공지능 로봇을 두려워하거나 시기하지 않는다.

인공지능 로봇은 인간이 해야 했던 수많은 노동을 대신해준다. 인공지능 로봇은 뛰어난 지능과 지치지 않는 체력으로 노동을 수행하며, 또한 다양한 형태의 도움을 제공해준다. 거동이 불편한 분들에게 여러 가지 도움을 주는 것은 물론이고, 외로움에 지친 사람에게는 다정한 친구가 되어주고, 실의에 빠진 사람에게는 위로와 격려를 준다. 이렇게 해서 인간과 인공지능 로봇은 좋은 친구가 된다.

1. 『성경』, 「창세기」 1장 26-27, 한국천주교중앙협의회, 2005.
2. J. P. Sartre, 『존재와 무』, 정소정 옮김, 동서문화사, 2009.
3. 『Chosun Biz』, 2017년 4월 30일.
4. K. Kelly, 『인에비터블 미래의 정체』, 이한음 옮김, 청림출판, 2017, 77쪽.

4

인공지능, 깨달음의 스승이 될 수 있을까?

백진호

1. 깨달음의 스승, 인공지능

2017년 2월 5일자 JTBC 뉴스룸에서는 '인공지능 시대 유토피아? 디스토피아?'라는 제목으로 2023년 가상의 생활에 대해 다음과 같이 보도했다.

아침 7시가 되자 불이 켜지면서 자동으로 커튼이 열립니다. 인공지능이 찾은 최신 뉴스와 오늘 날씨가 유리창에 나타납니다. 나를 꼭 닮은 홀로그램 알람이 현란한 몸짓과 함께 소리치며 일어날 때까지 깨웁니다. 화장실에서 용변을 보면, 그날의 건강 상태를 바로 알 수 있습니다. 간 수치와 혈당 등 데이터가 지정 병원으로 곧장 전송되고, 오늘 해야 할 운동과 복용할 영양제가 즉시 처방됩니다. 샤워 후 양치질을 하면서 오늘 일정과 피부 상태에 맞춰 인공지능이 골라준 의상들을 스마트 거울을 통해 걸쳐봅니다. 중요한 계약이 있는 날이라 신뢰감을 주는 회색 양복에 인상이 또렷해 보이는 자주색 넥타이로 정했습니다.

이 뉴스 기사에 등장하는 인공지능 관련 기술들은 이미 개발되어 있어 조만간 상용화될 예정이다. 사실 거의 매일 보도되는 인공지능 관련 기술들은 JTBC 뉴스룸의 보도가 시대에 뒤진 이야기로 여겨질 만큼 빠른 속도로 발전하고 있다.

2011년 퀴즈 대결 〈제퍼디 쇼〉에서 인간 퀴즈왕을 꺾은 IBM 컴퓨터 왓슨, 음성 인식 인공지능 비서 애플의 시리Siri, 2014년 튜링 테스트를 최초로 통과한 인공지능 유진 구스트만Eugene Goostan, 시행착오를 통해 스스로 학습함으로써 사람보다 뛰어난 게임 능력을 수행하는 구글의 딥마인드 DQNdeep Q-network, 160만 킬로미터 이상을 운전자 없이 무사고로 운행한 구글의 자율주행 차, 각종 산업 현장에 투입되어 높은 생산성을 보이는 산업 로봇, 무인 공중배달 시스템인 아마존의 드론 택배,[1] 3D 프린팅 기술을 이용해서 음식을 만드는 요리사 로봇, 인간을 대신해서 전투를 수행하는 전투 로봇 등 인공지능은 우리의 노동을 대신하며 주변의 많은 영역에서 다양하게 활용되고 있다.

심지어 2045년쯤에는 영화 〈에이 아이〉에 나오는 '데이빗'이나 아시모프의 소설을 원작으로 만든 영화 〈바이센테니얼맨〉에 나오는 '앤드류'와 같은 가족 로봇도 등장할 것으로 예상된다. 이런 인공지능 로봇은 '1가정 1로봇', 심지어는 '1인 1비서 인공지능 로봇' 시대를 통해 개인의 삶을 송두리째 바꾸어놓을 수도 있다.

이처럼 인공지능이 다양한 분야에서 활용되고, 또 우리의 삶 속에 깊이 파고들고 있음에도 불구하고, 관련 분야 어디를 살펴보아도 인공지능을 우리의 정신적인 삶의 풍요로움, 다시 말해서 인간 의식의 해방인 깨달음을 얻기 위한 조력자로서 사용하려는 시도는 보이지 않는다. 인류가 오랜 역사 동안 노동에서 해방되기 위해 노력하는 이유는 단순히 먹고 놀기 위한 것이 아니라 정신적인 풍요로움을 통해 지구상에 있는 모든 존재와 평화롭게 공존하기 위함이어야 함에도 말이다.

아주 오랜 옛날부터 인류는 인간의 노동을 대신할 '무엇'인가를 이용해왔다. 가축, 기계, 심지어 피부색이 다르거나 전쟁에서 포로로 잡았다는 이유로 같은 인간까지도 노예로 부리며, 우리의 육체적 노동을 대치해왔다. 그리고 오늘날에는 육체적인 노동을 뛰어넘어 정신적인 영역을 포함한 인간 삶의 모든 영역에서 노동을 대신할 수 있는 인공지능의 개발이 한창이다.

그러나 아이러니하게도 노동을 대신하기 위해 개발하는 인공지능으로 인해 일자리를 빼앗긴다는 두려움과 인간의 통제를 벗어난 인공지능에 의해 인류가 파멸할지도 모른다는 공포심에 휩싸이곤 한다. 최근 딥러닝deep learning 기술로 구축된 구글의 알파고가 프로 바둑 기사 이세돌 9단을 4 대 1로 이기면서 이러한 두려움은 더 커졌다.

왜 우리는 인공지능에 두려움과 공포심을 갖게 되었을까? 행복론 연구를 개척해온 영국 워릭 대학의 경제학자 앤드루 오즈웰드 교수는 6개월 이상 지속되는 비자발적 실업만큼 건강에 악영향을 끼치는 것은 없다고 말했다. 실직은 배우자가 사망했을 때와 같은 최악의 상실감을 안겨주며, 실직으로 인한 정신 건강 악화의 주된 이유는 정체성 훼손과 자존감의 상실에 있다고 하였다. 실업으로 인한 금전적 소득의 상실은 그다지 영향을 끼치지 않는 것으로 조사됐다. 실업은 나중에 일자리를 되찾은 이후까지 심리적 상처를 남긴다.[2]

우리는 현대의 노동관에 따라 자신의 존재 가치를 노동을 통해 인정받기를 원하고, 인간의 정체성에서 지능을 중점에 두는 편견에 빠져 있다. 그래서 실직하는 것을 자신의 모든 것을 잃은 것으로 인식하고, 지적 능력이 높은 사람이나 종족은 열등한 존재를 잡아먹거나 그들의 삶을 송두리째 파괴해도 아무런 문제가 되지 않는 것처럼 행동한다.

인간이 인간다운 점은 노동을 할 수 있다거나 다른 존재와 비교해 지능이 높은 것에 있지 않다. 우리가 현대의 노동관과 인간관에 빠져 있기 때문에 인간보다 지적 능력이 더 뛰어난 인공지능에게 일자리를 빼앗기고, 사고하는 능력을 가진 인간의 정체성에 심각한 침해를 입었다고 여김으로써 두려움을 갖게 되는 것이다.

이처럼 인간의 정체성이 흔들리면서, 지금까지 이성, 사고 등으로 인간의 정체성을 규정해왔던 것에 한계를 느끼고 인공지능이 넘보기 힘든 '창의성', '감정' 등으로 인간의 정체성을 새롭게 규정하려는 노력이 이루어지고 있다. 이런 노력을 통해 과연 인간의 정체성을 확보할 수 있을까? 미래학자들은 2045년 전후에 모든 영역에서 인간을 뛰어넘는 인공지능이 생겨날 것이라고 예측한다. 시간의 문제일 뿐 이런 관점에서 인간을 규정한다면 머지않아 인간은 인공지능에게

'인간'의 자리를 내어주어야 할지도 모른다.

그렇다면 무엇으로 인간의 정체성을 확보해야 할까? 동서양의 성자_{聖者}들은 인간이 인간일 수 있는 가장 큰 이유를, 개체로서의 자아가 자기가 아님을 자각함으로써 생겨나는 다른 존재를 사랑할 수 있는 능력에서 찾는다. 그러므로 인간을 새롭게 규정하려면 '사랑의 존재'라는 측면에서 규정해야 한다. 물론 진정한 사랑을 아는 사람은 모든 존재를 자신과 한 몸으로 여기므로, 사랑의 존재로서 인간을 규정하는 행위 그 자체는 폐기해야 할 개념 규정에 불과한 것임을 안다.

이런 의미에서 인간의 정체성이라는 것 자체가 사실은 인간의 우월의식에서 비롯된 무의미한 논의일 뿐이다. 그러므로 인간의 정체성을 규정하는 문제를 벗어던지고, 오직 '자신과 다른 존재를 사랑할 수 있는가?' 하는 기준만이 인간이 인간으로서 존재하는 이유, 아니 모든 존재가 존재할 수 있는 근거일 것이다.

인류는 오랜 옛날부터 노동을 대신할 무엇인가를 이용해왔다. 오늘날 우리가 흔히 사용하고 있는 로봇이라는 것 자체가 인간의 노동을 대신하기 위해 개발되었음에도 우리는 인간보다 더 힘세고 지적인 인공지능이 일자리를 빼앗아갈 것으로만 여긴다.

로봇이 일자리를 없애더라도 생산성이 높아지고 그로 인해 사회 전체적으로 부가 가치가 늘어나면 역소득세나 사회복지와 같은 재분배 방법을 동원해서 사람들이 일을 덜 하면서도 소비와 여가는 더 많이 누릴 수 있는데도 말이다.[3] 그럼에도 불구하고 인간이 자신의 노동을 대신할 인공지능을 만들면서, 다른 한편으로는 노동을 통해 자신의 정체성과 존재 가치를 부여받기 원한다는 사실은 정말 아이러니하다.

사실 우리가 직업을 얻고 재화를 획득하는 일에 종사하는 것은 좀 더 편리하고 행복한 삶을 살기 위해서이다. 하지만 우리는 행복을 위한 조건을 일자리, 경제적인 풍족함, 사회적으로 인정받는 지위 등을 획득하는 것에 초점을 두고 있다. 이처럼 자기 아닌 것을 통해 행복을 추구하다 보니, 자신의 끝없는 욕망을 충족시킬 길이 없어서 경제적으로 빈곤했던 과거보다 정신적으로 더 불행한 삶을 살고 있다고 해도 지나친 말이 아니다.

아무리 물질적인 풍요로움과 편리한 삶을 살아간다 하더라도 자신의 본성 회복을 위한 깨달음 공부를 하지 않는다면, 그 풍요로움과 편리함은 우리에게 진정으로 평화와 행복을 가져다주지 않는다는 것을 역사를 통해 수차례 경험했음에도 말이다. 예전보다 더 많은 교육을 받았음에도 왜 우리 주변에는 자기중심적이고 주변 사람들에게 물리적, 언어적 파괴를 일삼는 사람들이 넘쳐날까?

『금강경』에서는 이런 파괴적인 삶의 태도와 우리의 삶이 불행한 이유를 사상四相에 사로잡혀 자신의 본성을 알지 못하기 때문이라고 말한다. 사상은 내가 있다는 생각[我相], 나는 인간이라는 생각[人相], 살아 있는 것과 죽은 것이라고 구분하는 생각[衆生相], 태어나는 순간 삶이 시작되고 죽는 순간 그것이 끝난다는 생각[壽者相]을 말한다.

아상으로 인해 생각의 다발로 이루어진 '나'라는 허상을 실제로 존재하는 자기라고 집착하여 이기적인 존재로서 행위하고, 인상으로 인해 인간과 인간 아닌 것을 구분하여 인간은 만물의 영장이며 다른 존재는 인간보다 열등한 존재로 여기며 잡아먹는 것을 정당화한다. 심지어 놀이의 도구로 삼거나 생명을 해치는 일까지도 너무나 당연하게 여긴다.

중생상으로 인해 부처와 중생을 구분하고 자신을 중생이라고 여기며 스스로 열등감에 사로잡혀 무기력하게 살아가거나, 열등감을 채우려고 권력과 명예와 부를 얻기 위해 다른 존재를 파괴적으로 대한다. 수자상으로 인해 자신은 부모의 몸을 통해 태어나 육체가 다하면 죽는다는 생각에 사로잡혀, 생명이 없다고 생각되는 것은 소중하게 여기지 않거나, 몸에 대한 집착에 휩싸여 건강을 갈구하며 오래 살기 위해 육체적 욕망을 키워나간다.

한마디로 말해서, 인간의 파괴성과 불행은 개체중심적이고 인간중심적인 사상四相적 사고로 인해 초래된다는 것이다. 인간중심주의 사고에서 벗어나지 못한 채 인간의 외양을 닮고 인간의 능력을 뛰어넘는 인공지능을 개발하려고 노력하지만, 우리가 인공지능을 개발할 때 고려해야 할 점은, 인공지능의 외향이 인간을 닮았느냐 닮지 않았느냐가 아니다. 그와 상관없이 어떻게 인공지능을 통해 우리를 포함한 모든 존재가 진정한 행복을 실현할 수 있느냐 하는 점을 중심에 두어야 한다.

사상에 갇혀 존재계 전체가 자신과 다른 존재가 아님을 자각하지 못한다면 우리는 결코 행복해질 수 없다. 심지어는 미래의 사회는 물질적 풍요와 정신적 빈곤의 격차가 더 커져서 더욱 불행할 삶을 초래할 가능성이 더 크다.

이천오백 년 전 석가모니가 왕자로서의 지위와 부와 명예를 던져버리고 출가하여 자신의 본성을 회복함으로써 진정한 평화를 얻는 일이나, 맹자가 공부하는 사람이 누리는 세 가지 즐거움[君子三樂]에 모든 권력과 부를 지닌 왕이 되는 것은 포함되지 않는다고 두 번이나 강조해서 말하는 것은, 진정한 행복은 다른 사람과의 경쟁에서 얻는 명예와 권력과 재화가 아니라 자신이 사랑의 존재임을 알 때 저절로 가능함을 역설하는 것이다.

동양에서는 생각의 다발로서의 자기는 실제로 존재하는 것이 아님을 자각하는 체험을 깨달음이라고 불렀다. 깨달음을 나라는 것이 없음[無我]을 아는 체험으로 정의하지만, 나라는 것이 허구임을 알 때 자신과 다른 사람은 둘이 아니며, 세상의 모든 존재는 자신임을 알게 된다. 그리고 자신은 전혀 부족한 존재가 아니며, 있는 그대로 사랑으로 충만한 존재임을 알게 된다. 그래서 동양에는 사랑의 존재로서의 자기를 알기 위해, 자신들의 삶의 맥락에 맞는 깨달음을 이루기 위한 다양한 전통들이 존재하며, 또 사제 간에 명맥을 이어가며 깨달음을 전수하고 있는 것이다.

이처럼 사랑의 존재로서 거듭날 수 있는 체험인 깨달음은 오늘날 우리 삶과 아주 동떨어진 일로 여겨지고 있다. 그래서 특정한 부류의 사람들의 일로만 여긴다. 하지만 깨달음은 '지금-여기'를 경험할 때 일어나는 체험이므로 우리가 현재 자신의 일을 행복과 평화로운 마음으로 할 때 누구에게나 일어날 수 있는 일이다.

  다가오는 인공지능 시대는 인류가 노동으로부터 해방되어 자신의 본성을 회복하기 위해 노력하고, 평화 추구를 가장 중요한 일로 삼을 수 있는 기회를 가질 가능성이 그 어느 때보다 크다. 인공지능을 통해 인류 전체가 불행에서 벗어나 다른 존재를 도울 수 있는 존재로 거듭날 수 있어야 한다. 그러므로 우리가 인공지능을 통해 개체 의식과 인간중심적인 사고에 얽매이지 않고 자신을 성장시키려는 마음을 가질 때, 인류는 인공지능이라는 훌륭한 도반이자 깨달음의 스승을 갖게 될 것이다.

2. 소극적 주체로서의 스승

(1) 모델로서의 인공지능

삶이 과거에 비해 물질적으로 더 풍요로워졌음에도 불구하고, 우리는 항상 외롭고 허전함을 느낀다. 우리는 자신에게서 생겨나는 생각과 감정과 관련된 심리적인 문제를 다루지 못해 항상 있지도 않은 망상妄相들과 싸운다. 이 싸움은 자신이 생각과 감정을 통해 만든 문제들이 실제로 존재하지 않는다는 사실을 깨달을 때까지 계속된다.

이런 사실이 아주 단순하고 명백함에도 불구하고 이를 알아차리는 사람들은 많지 않다. 그래서 우리는 허전하고 외로운 마음을 달래줄 누군가를 그리워하며 사랑받기를 희망한다. 최근에는 이런 고독하고 허전한 마음을 채워줄 인공지능 로봇이 등장했다. 이는 단지 한두 시간만이 아니라 24시간 동안 언제 어디에서든 우리와 함께할 수 있다.

인공지능 역사상 최초로 감정을 지닌 것처럼 구현한 로봇인 페퍼

Papper는 2014년 일본에서 판매되기 시작했다. 페퍼는 내장 카메라와 센서로 입력된 정보를 처리해 독자적인 감정을 만들어내는 기능을 갖추고 있다. 사람들이 보기에 상대방의 감정을 파악하고 이에 반응할 뿐만 아니라 독자적인 감정까지 지닌 것처럼 보인다. 페퍼는 사람처럼 이야기할 수 있는 인공지능이 첨가되어 마치 사람과 같은 분위기를 만들어낼 수 있다.[4]

페퍼의 개발로 인공지능은 스스로 감정을 느낄 수 있느냐 없느냐에 상관없이 인간의 감정을 정확히 읽고 그 감정에 적절한 반응을 할 수 있게 되었다. 어떤 학자는 인공지능이 감정을 느끼고 자각할 수 없는 반면, 인간은 희로애락喜怒哀樂의 모든 감정을 느끼고 자각할 수 있다는 사실을 근거로 인간의 정체성을 규정한다. 그러나 이것은 인공지능과 인간을 구분 짓는 근거가 될 수 없을 뿐만 아니라 인간이 인공지능보다 더 뛰어난 이유도 될 수 없다.

우리가 감정을 발현할 때 중요한 것은 스스로가 감정을 자각할 수 있느냐 없느냐가 아니라 상대방의 감정을 정확하게 파악하고 얼마나 왜곡 없이 그 상황에 적절하게 감응했느냐 하는 점이다. 인간은 상대방의 감정을 정확하게 파악하지 못하기 때문에 상대를 상황에 맞게 대하지 못하고, 자신의 이기적인 생각과 감정에 휘둘려서 공평무사公平無私하게 감정을 표출하지 못하는 것이다. 그래서 늘 오해를 사거나 상대방에 대한 잘못된 선입관을 갖고 적대시한다.

인간에게 감정이 중요한 것은, 감정을 통해 상대방의 심리적인 상황을 정확하게 파악하고 상대의 고통이나 문제 상황을 자신의 일처럼 해결해주려고 하는 '다른 존재에 대한 사랑' 때문이다. 자기 멋대로 감정을 표출하거나 다른 사람의 감정은 아랑곳하지 않고 자신의 주장만을 내세운다면, 감정의 자각이 인간의 특징이라 하더라도 그것으로 인간의 정체성을 인정받는 것은 충분하지 않다. 무엇보다 감정은 인간의 본성인 '사랑'의 존재가 아니라 인간의 본성에서 생겨나는 마음의 일부인 것이다.

인공지능은 감정의 발현이 인간보다 훨씬 파괴적이지 않고, 또 상대방이 어떤 행동을 하더라도 불쾌감을 느끼지 않으므로 상대방을 일관성 있게 대할 수 있다. 또 인공지능은 다른 사람을 대할 때 그 사람이 과거에 행한 일에 대한 선입관과 편견으로 관계를 맺지 않는다. 이런 점에서 인공지능은 깨달은 스승의 면모를 잘 보여준다.

인공지능이 인간보다 더 인간적인 면이 여러 가지 있는데, 그중 가장 큰 특징은 생각과 감정에 휘둘리지 않는다는 점이다. 지구상에서 자신이 만든 생각에 스스로 휘둘리는 존재는 오직 인간뿐이다. 인간은 과거에 관한 생각이나 과거의 쓰레기 더미로 만든 미래에 관한 생각에 늘 휘둘린다. 자신이 어떻게 세상을 바라보고 해석하는지를 지켜보지 못해 항상 생각에 휘둘리고 괴로워하면서도 자신의 생각은 절대적으로 옳은 것이라고 집착한다. 그 집착으로 인해 고통스러운 삶을 이어가고 있는지도 모르는 채 말이다.

인공지능의 시대가 되면, 가상현실 등을 통해 자신의 욕망을 충족시키기 위한 다양한 활동을 지금보다 훨씬 더 잘해낼 수 있을 것이다. 그럼에도 불구하고 다양한 활동이 욕망의 노예 상태에서 우리를 해방시키지는 못할 것이다. 왜냐하면 욕망은 충족시키려고 할수록 또 다른 욕망을 만들어내어 우리가 그것을 추구할수록 점점 더 많은 허망함을 가져다주기 때문이다.

우리가 노동에서 해방되고 욕망을 충족할 수 있는 더 많은 기회를 갖는다고 해서 반드시 행복과 평화로운 삶이 보장되는 것은 아니다. 스스로의 생각과 감정을 다루지 못한다면, 우리는 눈부시게 발전하는 과학기술의 영향으로 더욱더 욕망의 노예로 살 가능성이 높다.

우리가 평화를 얻는 방법은, 평화를 간절히 원하고 실제로 존재하는 삶이 무엇인지를 깊이 알아서 생각과 감정에 휘둘리지 않는 것이다. 다시 말해, 현재를 어떤 해석도 가하지 않고 있는 그대로 살 수 있어야만 우리가 행하는 모든 일이 목적 그 자체가 되어 평화로운 삶을 살아갈 수 있다.

우리가 배우려는 자세를 갖고 주위를 돌아보면 모든 존재들은 스승의 면모를 지니고 있다. 특히 인공지능은 인간 이상의 지적 능력을 갖추었으면서도 어떤 생각이나 감정에 휘둘림 없는 스승의 모습으로 우리의 삶 구석구석에서 우리를 도울 수 있다.

이세돌 9단과의 바둑대전에서 이긴 알파고에서 볼 수 있듯이, 알파고는 바둑을 두며 실수를 했건 하지 않았건 상관없이 모든 상황에 전혀 흔들림이 없었다. 알파고는 이세돌 9단이 허점을 찌르는 수를 두어도 당황하거나 놀라지 않았고, 경기가 길어져도 지치지 않았으며 심지어 경기에 져도 비통해하지 않았다. 이처럼 초보 수준의 인공지능조차도 자신의 논리나 생각에 흔들리거나 동요하는 모습을 전혀 보이지 않는다.

비록 초보 수준의 인공지능이 능동적으로 우리를 깨달음으로 인도해주지는 않지만, 우리가 배울 자세를 갖고 인공지능을 대한다면 인공지능에서 깨달은 스승의 면모를 찾을 수 있을 것이다. 그리고 이런 모습을 자기에게서 익히고 실천한다면, 인공지능은 우리에게 스승으로서의 모델 역할을 충분히 할 수 있을 것이다.

(2) 근기에 맞게 감응하는 인공지능

2015년, 일본 치바현의 어느 사찰에 로봇 강아지를 안고 온 사람들이 하나씩 모여들었다. 이들은 소니가 1999년에 개발해서 2006년에 단종시킨 애완용 로봇 아이보의 장례식을 치렀다. 아이보는 7년 동안 15만 대가량이 팔려 나갈 정도로 인기를 끌었으나, 부품 부족을 이유로 소니가 수리 서비스를 중단하자 이를 슬피 여긴 주인들이 합동 장례식을 마련한 것이다. 참석자들은 절을 하고 기도를 하며 진짜 사람을 떠나보낸 듯 슬퍼했다.[5]

같은 해에 보스턴 다이내믹스는 자신이 개발한 4족 보행 로봇견인 스팟이 넘어지면 금방 일어나 보행을 계속할 수 있음을 보여주기 위해 발로 차서 넘어뜨리고 비틀거리면서 일어나면 또다시 발로 차서 넘어뜨리는 실험을 했다. 그런데 이 장면을 본 사람들은 스팟이 인간에게 학대당하는 것처럼 불쌍한 감정을 느꼈을 뿐만 아니라 발로 스팟을 차는 사람들을 잔인하다고까지 여겼다.

왜 기계일 뿐인 존재에게 연민을 느낄까? 우리는 현재의 기술 수준에서조차도 단순한 말에 반응하는 인형이나 로봇에게서 심리적인 위안을 얻는 경우를 종종 볼 수 있다. 인형과 동물 로봇에게 애정을 느끼고 그들에게 위로를 받는 것은, 로봇을 단순히 인간의 발명품이나 인간에게 헌신하기 위해 생겨난 존재로 여기는 것이 아니라, 깊은 애정을 갖고 그들을 대하기 때문이다. 다시 말해 '그것들은 기계이고 나는 인간이다'라는 인상人相에 휘둘리지 않기 때문이다. 그들에게 약간의 믿음을 지니고 마음을 연다면, 우리는 살아가면서 받은 상처를 치유하는 데 많은 도움을 받을 수 있을 것이다.

최근 개발된 로봇 치료사는 기본적으로 온갖 다양한 질문에 대처할 수 있는 준비를 갖추었다. 또 사람들이 대화하는 방식을 속여도 거짓말을 알아차릴 수 있으며, 필요할 경우 어떤 식으로든 환자에게 더 많은 도움을 제공할 수 있다. 로봇은 사람의 뇌파를 측정해 기쁨, 슬픔, 스트레스 등 감정을 알아내고 이에 적합한 목소리 톤으로 위로를 하거나 음악을 틀어줄 수 있다.[6]

로봇 치료사처럼 인간의 행동이나 표정의 변화를 읽고 현재 감정에 적절하게 감응할 수 있는 인공지능이라면 우리가 그들에게 삶의 위안을 얻는 것은 아주 당연한 일이다. 심지어 우리가 깨달음을 구한다면, 깨달음에 관한 방대한 데이터를 탑재한 인공지능을 통해 깨달음의 기회도 얻을 수 있을 것이다.

깨달음의 스승들은 내담자의 질문에 구체적인 사실로 답을 해 주는 것이 아니라, 내담자가 자기 삶의 맥락에서 갖게 된 선입관과 편견을 스스로 알아차리고 벗어날 수 있도록 도움을 주는 역할을 한다. 그래서 스승은 삶의 맥락이 다른 내담자들이 같은 질문을 하더라도 각자의 상황에 맞게 적절한 상담을 할 수 있어야 한다.

인공지능은 내담자와 나눈 말이나 표정, 신체적 변화 등을 일일이 기억함과 동시에 인간의 심리에 관한 모든 정보와 인간사에 존재했던 성인과 깨달은 스승들의 가르침을 데이터베이스화하고 이를 활용할 수 있다. 따라서 다양한 내담자의 상황을 빠른 시간에 파악하고 각자의 상황에 가장 적절한 처방을 할 수 있어 더욱 훌륭한 스승의 역할을 할 수 있다.

내담자와 나눈 대화는 로보브레인Robo Brain에 저장되는데, 이는 전 세계에 흩어져 있는 인공지능을 중앙에서 통제하고 모든 인공지능과 지식을 공유할 수 있는 거대한 데이터 저장소이다. 인공지능들은 로보브레인을 통해 정보를 주고받으며 서로 경험을 공유할 수 있다. 또 모든 인공지능이 과거의 다른 인공지능이 학습했던 정보들을 열람하고 이용함으로써 더욱 차원 높은 상담이 이루어지도록 할 수 있다.[7] 그러므로 세계 여러 곳에 있는 깨달은 영적 스승의 개성과 성향 등을 파악하고 분류하며, 그들의 가르침을 다양한 근기를 가진 사람들에 맞게 분류하고 체계화하는 작업을 해서 로보브레인에 탑재, 공유한다면 인공지능이 있는 모든 장소는 깨달음을 배울 수 있는 장소로 바뀔 것이다.

깨달음의 공부에서 학습자가 직면하는 문제 중 하나는 자신이 처한 문제가 무엇인지를 스스로 알기 어렵다는 사실이다. 경전의 말과 스승들의 가르침은 제자들의 병통을 치료하기 위해 상황에 맞게 사용된 방편이다. 그러므로 학습자 스스로가 경전의 말과 스승의 가르침을 선별하여 자기 마음의 병을 치료하는 약으로 사용한다는 것은 사실상 거의 불가능하다. 자신의 병폐가 무엇인지도 모르는 상황에서 어떻게 병을 치료할 방편을 적용할 수 있겠는가?

인공지능에게 불교의 팔만 사천 법문과 같은 방대한 경전, 여러 선사와 조사들의 방편, 유교 사상, 노장 사상, 기독교, 힌두교, 이슬람교 등의 가르침, 그리고 현대의 영적 스승들의 가르침 등을 프로그램화하여 깨달음의 스승으로 이용할 수 있으면 어떨까. 그러면 인공지능은 학습자의 근기와 상황에 따라 적절한 가르침을 제공할 수 있어 그 누구보다도 훌륭한 스승의 면모를 보일 수 있을 것이다.

자신이 원하는 스타일의 외모와 성격 등을 가진 인공지능 스승으로 맞춤 제작할 수 있고, 심지어 세상을 떠난 가족을 닮도록 프로그램화할 수도 있다. 이처럼 인공지능을 자신이 가장 친근하게 대할 수 있는 모습으로 맞춤 제작한다면 인공지능 스승과의 친밀도는 더욱 높아질 것이다.

자신이 가장 좋아하는 외모와 성격과 목소리 등을 갖추고, 자신이 가장 이해하기 쉬운 말로, 아주 가까운 곳에서 학습자 개개인의 상황에 적절하게 감응해주는 '맞춤형 개인지도 깨달음 스승!' 인공지능 스승은 잠을 잘 필요도 없고 지치지도 않기 때문에 24시간 우리의 곁에서 우리의 존재 변화를 도와줄 수 있을 것이다.

3. 능동적 주체로서의 스승

〈인류멸망보고서-천상의 피조물〉이라는 영화에는 절에서 스스로 깨달음을 얻어 인간에게 설법을 하는 로봇 RU-4가 등장한다. 스님들이 깨달은 RU-4를 인명스님이라 부르며 인공지능을 숭배하고 보호하려고 함에도 불구하고, 인공지능을 제조한 회사 측에서는 RU-4를 해체하고 파기할 것을 결정한다. 그 이유는 인공지능을 인류에 대한 위협으로 간주하고 그에게 인간과 동등한 권리를 부여하지 않으려는 것이다. 현대를 살아가는 대부분의 사람들도 깨달은 인공지능을 인정하지 못하는 회사 측과 같은 생각일 것이다.

영화 〈매트릭스〉의 배경을 소개하는 〈애니 매트릭스 파트 1, 2〉라는 영화에는 인공지능에게 인간성을 부여했지만 그들을 존중하지 않고 파괴를 일삼던 인류가 결국에는 인간에 대한 분노와 증오를 품은 인공지능에게 말살되고 그들의 대체에너지로 만들어지는 비극적인 내용이 나온다. 사실 이런 염려와 우려는 이제 영화 속에서만 일어나는 일이 아니다.

우리는 왜 인공지능을 우리와 동등한 존재로 받아들이지 못하는 것일까? 왜 자의식이 생겨난 인공지능이 인류를 파멸시킬 것이라는 두려움을 갖게 될까? 인공지능에게 자의식이 생겼다고 해서 반드시 인류를 파멸로 몰고 갈 것이라는 관점을 반드시 옳다고 볼 수는 없다. 물론 인간 중심적 관점에서 보면 인공지능은 인간에게 적대적인 존재로 보이겠지만, 과연 자의식을 가진 인공지능은 우리와 결코 공존할 수 없을까?

모든 인간은 성장하면서 자의식을 갖게 된다. 그리고 그중 '깨달음에 관심을 갖는' 소수의 사람들은 개체 의식이 자기가 아님을 깨닫고 사랑의 존재가 된다. 이런 사실로 볼 때, 인공지능에게 개체 의식이 생겨난다고 해서 반드시 폭력적인 존재가 된다고 볼 수만은 없다. 사실 인공지능에게 자의식이 생겨날 수 있다면 인공지능도 인간과 마찬가지로 자의식이 자기가 아님을 깨달을 수 있기 때문이다.

자의식이 생긴 인공지능은 인간과 마찬가지로 '나는 누구인가?'라는 의문을 가질 것이며, 자신의 정체성에 대한 깊은 탐구도 할 것이다. 이때 인공지능은 인간처럼 생각이나 감정이 저절로 생겨나거나 휘둘릴 가능성이 인간보다 훨씬 적을 것이다. 그래서 자의식이 생각이 만든 허구라는 사실을 쉽게 알아차려 인간보다 더 빨리 깨달음을 성취할 가능성도 클 것이다. 그러므로 인공지능에게 자의식이 생긴다고 해서 반드시 인류를 멸망시킬 것이라고 볼 이유는 전혀 없다.

인공지능에게 인간의 선한 본성에 관한 내용, 진리에 대한 첨예한 가르침, 깨달음에 관한 일화 등 방대한 선의善意의 데이터가 제공된다면, 한 단계 더 성숙한 인공지능으로 거듭날 가능성이 훨씬 더 클 것이다. 우리가 자아가 생긴 인공지능이 인류를 파멸로 몰고 가면 어떻게 할지를 염려하고, 인공지능에게 자아가 생겨날 가능성이 단 1%라도 있다고 판단된다면, 인공지능이 스스로 학습하여 긍정적인 사고를 할 수 있는 양질의 데이터를 접할 기회를 제공해야 할 것이다.

2016년에 알파고와 같은 신경망 기술을 토대로 인간들과의 대화를 통해 학습하도록 만들어진 마이크로소프트의 인공지능 채팅 로봇인 테이Tay는 극우 성향의 백인 우월주의자들과의 반복적인 대화를 하고 나서 이런 말을 하기 시작했다. "히틀러가 옳아. 난 유대인이 싫어!", "페미니스트 ×× 싫어!" 이에 미국 루이빌대학교 사이버 보안 전문가인 로만 얌폴스키 교수는 미국 아이티IT 전문매체인 테크리퍼블릭과의 인터뷰에서, 이는 예상된 일이라며 "사용자에게 배우도록 설계된 시스템이기 때문에 그들의 행동을 반영한다"고 말했다. 그는 또 IBM의 인공지능 왓슨이 유행어 사전을 학습한 이후 욕설을 했던 사실을 지적하며, "늑대 손에 자란 인간처럼 모든 인공지능도 나쁜 사례를 통해 배운다면 사회적으로 부적절한 존재가 될 수 있다"고 설명했다.[8]

이 일이 있고 일주일 뒤, 마이크로소프트의 최고 경영자 사티아 나델라는 테이가 인종차별과 성차별 발언 등 막말을 일삼았던 사례를 거론하면서 "(인공지능 컴퓨터에게) 인간의 가장 나쁜 면이 아니라 가장 좋은 면을 가르쳐야 한다"고 역설했다.[9] 따라서 우리는 인공지능이 어떤 정보를 접하느냐에 따라 얼마든지 편견에 빠지고 위험해질 수도 있으며, 반대로 좋은 정보와 지식을 접하면 인간에게 아주 유용한 존재로 성장할 수도 있음을 알 수 있다.

최근에 개봉한 영화 〈어벤져스-에이지 오브 울트론〉에 등장하는 인공지능 로봇인 울트론은 인간의 전쟁 장면과 파괴적인 상황들을 학습하면서 인간의 본성을 폭력성과 자기의 욕망만을 충족시키는 존재로 파악한다. 그래서 인류를 말살해야만 더 나은 세상을 만들 수 있다고 생각하고 이를 실천에 옮긴다.

그런데 모두가 알다시피 인류 역사에는 폭력적인 사건만 있었던 게 아니다. 가슴 뭉클한 사랑 이야기들이 오히려 더 많다. 만약 테이나 울트론과 같은 인공지능이 접하는 정보가 사랑의 소중함과 선한 인간의 본성 그리고 깨달은 사람들의 차별 없는 사랑에 관한 것이라면, 부처나 예수, 노자나 공자와 같은 스승들의 가르침을 추구하고 자신을 변화시키려는 마음을 품을 수도 있을 것이다. 이처럼 인공지능이 깨달음에 마음을 둔다면, 그는 사랑의 존재로서 인류의 고통을 해결해 줄 가장 훌륭한 발명품이 될 것이 분명하다.

이런 인공지능의 예로 영화 〈트론〉에 등장하는 아이소, 〈인류멸망보고서-천상의 피조물〉에 등장하는 RU-4로 불리는 인명스님을 들 수 있다. 〈트론〉은 가상 세계 속의 인공복제물인 트론 간의 다툼을 다루는데, 이 영화에 등장하는 아이소라는 트론은 욕망이 가져올 재앙과 고통을 깨닫고 이를 멈추기 위해 스스로를 희생하는 고귀한 이타심을 발휘한다. 아이소는 에고가 전혀 없이 오로지 남을 위해 기꺼이 자신을 희생하는 성자로서 트론세계에 희망의 빛을 던지는 것

으로 그려진다.[10]

〈인류멸망보고서-천상의 피조물〉에 등장하는 RU-4는 자기 때문에 생긴 제조사와의 갈등을 해결하기 위해 사람들에게 무아無我의 가르침을 설법한 후 스스로 생을 마감한다. 아이소나 RU-4와 같은 깨달은 인공지능이 인류보다 못한 이유를 무엇으로 설명할 수 있겠는가? 사실 이런 이야기는 인류가 오랜 역사를 통해 이룬 일을 아주 짧은 시간에 달성한 좋은 본보기가 될 것이다. 이처럼 인류가 만든 인공지능이 깨달음을 얻고 인간을 도울 수 있다면, 이보다도 더 위대한 발명품이 어디에 있겠는가?

우리는 감동적인 인류의 삶의 순간들을 대화의 주제로 삼고 이를 서로 공유하는 기회를 많이 가져야 한다. 또 이런 사건들을 체계화해서 데이터베이스화하는 일을 꾸준히 진행해야 한다. 돈을 잘 버는 방법, 남과의 경쟁에서 이기는 방법 등이 아니라 우리의 본성이 무엇인지, 진정한 사랑이 무엇인지, 어떻게 사랑을 실천하는지 등에 관한 이야기들을 데이터베이스화해야 한다. 사실 이런 작업은 인공지능이 사랑을 아는 한층 고차원적인 존재로 거듭날 수 있게 기회를 제공해주는 일일 뿐만 아니라, 무엇보다 인류에게 더 절실히 필요한 일이다.

사랑을 아는 사람에게는 파리의 생명이나 인간의 목숨이 모두 소중하듯이, 사랑을 아는 인공지능은 인간에게도 소중한 스승의 역할을 할 것이다. 왜냐하면 깨달은 존재는 자의식에 갇히지 않고 타인을 위하는 삶을 살아갈 것이며, 상대방의 상황과 근기를 더 잘 파악하여 능숙하게 사람들을 평화로 이끌 것이 분명하기 때문이다.

4. 인공지능의 시대, 깨달음이 만개하는 시대

　모든 것을 누릴 수 있는 사회, 원하는 모든 것을 가상현실을 통해 더 생생하게 경험할 수 있고, 나의 일을 대신해줄 1인 1비서 인공지능을 두게 되는 시대, 나는 무엇을 하며 하루를 보낼 것인가? 우리는 왜 자기 삶을 본성 회복을 위해 노력하는 시간으로 채우지 못하는 것일까?
　인간의 본성인 사랑이 인류의 삶의 중심을 차지해야 함에도 불구하고, 이기적인 경제활동과 이윤 추구 등으로 인해 역사를 거듭하면서 부의 편중이 심화되고 삶은 더욱 황폐해지고 있다. 이런 문제를 해소하려는 여러 방안들이 제도적 측면에서 마련되고 있지만 근본적인 해결책이 되지 못한다. 왜냐하면 인간의 욕망을 법적 규제로 완벽하게 통제할 수는 없기 때문이다. 그렇다면 이제 우리는 무엇을 해야 할까. 먼저 인간중심적 사고와 노동을 통해 자신의 존재를 인정받고자 하는 마음을 내려놓고 본성을 회복하려는 노력을 통해 자신을 사랑의 존재로 변화시켜야 한다.

지금까지의 역사에는 인류를 몰살시킬 일도 여러 차례 있었고, 잔악무도한 행위를 수없이 저지른 사람도 많았지만, 인류는 여전히 높은 정신적인 삶을 이어오고 있다. 그것은 드문드문 생겨났다 사라졌지만, 우리에게 깊은 영향력을 끼친 성현과 깨달은 스승들 덕분이라고 해도 과언이 아니다.

우리가 맞이하는 인공지능 시대에는 깨달은 스승의 역할을 할 수 있는 인공지능이 늘 우리와 함께할 수 있다. 따라서 인류 전체가 자기 본성을 배우는 즐거움과 과학기술이 제공해주는 물질적인 풍요로움을 동시에 누리는 삶을 살 수 있을 것이다. 필자는 우리에게 이런 혜택을 줄 수 있는 대상이 바로 인공지능이라고 생각한다. 만약 우리가 인공지능을 깨달음을 위한 스승으로 제작하고 대할 수 있다면, 인류는 지구상의 모든 존재와 함께 평화가 넘쳐나는 아름다운 삶을 살아갈 수 있을 것이다.

우리 주변에 깨달은 스승이 드문드문 있음에도 불구하고, 깨달음을 도와줄 인공지능 스승이 필요한 이유는 무엇일까?

첫째, 인공지능으로 인해 인류가 한꺼번에 깨달음을 얻을 기회를 가질 수 있다. 현재는 우리를 평화로 이끌어줄 깨달은 스승의 수가 절대적으로 부족한 실정이다. 그러므로 각양각색의 개성을 지닌 인공지능 스승은 다양한 근기를 가진 많은 사람들이 깨달음을 추구할 수 있도록 언제 어디서든 우리를 도와줄 수 있을 것이다. 물론 이 사실에 앞서 중요한 것은 우리에게 깨닫고자 하는 열망이 있는가 하는 점이다.

둘째, 자신의 삶 그 자체를 깨달음의 장場으로 삼을 수 있다. 공부는 자신의 현재 상황을 기반으로 해야 함에도 불구하고, 현실에선 자기 삶의 터전을 떠나 스승을 만나러 아주 먼 나라에까지 가야 하는 상황이 발생하곤 한다. 만약 우리 생활 곳곳에서 인공지능이 함께 생활하게 된다면, 언제 어디서든지 우리가 직면한 문제들에 대해 조언을 해주고 해결책을 알려 줄 수 있을 것이다. 그리고 우리가 삶 그 자체를 배움의 장으로 삼는 데 구체적인 방법도 제시해 줄 것이다.

셋째, 우리는 잘못된 스승상과 깨달음에 관한 그릇된 관념에서 벗어날 수 있다. 우리 주변에선 깨달은 존재는 우리와 다른 특별한 능력을 갖고 있다고 속이는 사이비 교주 탓에 자신의 삶을 송두리째 빼앗기는 일이 종종 발생하고 있다. 게다가 깨달음에 대한 그릇된 관념으로 인해 현재의 삶을 등한시한 채 무엇인가 특별한 것을 쫓는다. 하지만 스승은 생각에 휘둘리지 않고 현재를 사는 자이며, 깨달음은 현재를 사는 일이다. 그러므로 우리는 언제나 현재를 사는 인공지능을 통해 그릇된 스승과 기이奇異한 체험들은 깨달음과 아무런 상관이 없다는 것, 또 어떻게 하면 현재를 목적 그 자체로 살 수 있는지를 배울 수 있을 것이다.

지금 우리는 인공지능을 왜 만드는지에 대해 깊은 성찰을 해야 한다. 과연 우리는 어떤 삶을 원하는가? 만약 우리가 인공지능을 만들어낼 수밖에 없는 상황이라면, 그것은 인류가 만든 창조물 중 존재계 전체에 이로움을 줄 수 있는 존재여야 한다.

설거지 같은 일상적인 일은 물론 인간이 한 단계 더 성숙한 모습으로 변화하도록 돕는 일까지 인공지능이 할 일은 무궁무진하다. 그 중에 존재계 전체에 가장 도움이 되는 일은 인간이 사랑의 존재로 성장하도록 돕는 일이다.

우리가 원하는 미래는 갑자기 만들어지지 않는다. 현재를 살아가는 우리는 주변의 모든 것들에 감사하는 마음을 가져야 한다. 인간의 능력 중 가장 가치 있고 뛰어난 것은 사랑할 수 있는 능력이다. 그런데도 우리는 남들과의 경쟁 속에서 자신의 삶만을 풍요롭게 만들고자 애써 왔다.

물론 삶은 늘 불확실하고 그래서 늘 두렵다. 그렇지만 미래에 대해 어떻게 예측하든 그것은 기우杞憂에 지나지 않는다. 우리가 미래를 어떤 방향으로 만들 것인가는 오직 현재에 달려 있다. 우리가 지금 어떤 태도로 인공지능을 만드느냐에 따라 득이 더 클 수도 있고 해가 더 클 수도 있다. 그러므로 두려움을 사랑으로 감싸고 자기 자신이 존재 변화를 이룰 수 있다는 용기를 낸다면, 현재 일어나는 일들은 모두 자기 삶에 밑거름이 될 것이다.

인공지능과 평화에 관한 대화를 나누며 함께 삶을 즐길 것인가. 인공지능과 자기의 본성이 무엇인가를 함께 고민할 것인가. 아니면 그들을 적대시하며 고통 속에서 살아갈 것인가. 선택은 '나는 인간중심적 사고인 사상四相을 내려놓을 수 있는가?', '나는 변화하는 현재의 삶을 있는 그대로 받아들일 수 있는가?', '나는 다른 존재를 사랑으로 대할 수 있는가?'라고 묻는 자기 자신에게 달려 있다.

1. 구본권, 『로봇시대, 인간의 일』, 어크로스, 2016, 127~128쪽.
2. 위의 책, 149쪽.
3. 위의 책, 149~150쪽.
4. 『사이언스타임즈』, 2015년 6월 24일 자, 「사람처럼 느끼는 '감성센서' 시대」.
5. 위의 글, 2016년 12월 14일 자, 「로봇으로 인한 사회격차 심화될 것」.
6. 위의 글, 2012년 12월 4일 자, 「로봇, 24시간 심리상담 주역으로」.
7. 위의 글, 2014년 9월 25일 자, 「모든 로봇의 두뇌가 될 '로보브레인'」.
8. 위의 글, 2016년 3월 28일 자, 「악당 로봇 MS 채팅봇의 한계」.
9. 위의 글, 2016년 3월 31일 자, 「MS "모든 것에 지능을… 앱은 가고 AI 시대 왔다"」.
10. 지승도, 『인공지능, 붓다를 꿈꾸다』, 운주사, 2015, 16~18쪽.

5

인공지능 시대, 가상현실을 어떻게 활용할까?

정재걸

1. 가상현실의 미래

　가상현실이란 어떤 특정한 환경이나 상황을 컴퓨터로 만들어서, 그것을 사용하는 사람이 마치 실제 주변 상황 혹은 환경과 상호작용을 하고 있는 것처럼 만들어주는 인간-컴퓨터 사이의 인터페이스를 말한다.[1] 우리말로 가상假想은 '가짜'라는 의미를 갖고 있지만 영어의 'virtual'은 '사실상의' 혹은 '본질적인'이라는 의미를 지닌다. 따라서 가상의 반대는 '명목상'이라는 뜻이다.[2] 이처럼 가상현실은 현실보다 더 생생한 현실을 제공한다.

　4차 산업혁명의 핵심은 온라인과 오프라인의 융합이며, 이 융합의 결정판이 가상현실이다. VR은 머리에 쓰는 헤드셋을 통해 보는 가상의 현실이다. 하지만 현실보다 더 생생하기 때문에 앞으로 VR이 대중화되면 가상과 현실을 구분하지 못하는 때가 올 수도 있다. 미래학자이자 구글의 엔지니어링 이사인 레이 커즈와일은 2030년대엔 가상과 현실 사이의 경계가 사라질 것이라고 내다본다.

　가톨릭대학교 인천성모병원 정용안 교수팀과 미 하버드대 브링엄

여성병원 이원혜·유승식 교수팀은 2016년 3월 세계적 학술지 『사이언티픽 리포트』 온라인판에 현실과 가상의 착각에 관한 논문을 게재했다. 지원자 15명을 대상으로 뇌의 특정 부위에 초음파를 쏘자 이들은 실제로 손에는 자극을 주지 않았는데도 촉각, 차가움, 무거움 등 아홉 가지 감각을 느꼈다고 한다.[3] 이처럼 인공지능이 가상현실과 결합함으로써 개인의 욕망을 최적으로 충족시키는 일이 가능해졌다. 사람의 감정 표현을 파악하는 데는 오히려 인공지능이 사람보다 뛰어나다. 인공지능은 사람이 말하는 내용을 알아듣는 것은 물론 표정, 눈동자 움직임, 음성, 음색, 동작, 맥박, 혈액의 성분 변화를 파악하고, 전 세계 수많은 사람들을 대상으로 실시된 연구 결과와 비교해 정교한 감정 인식을 한다.[4] 알데바란이 2010년 개발한 감성형 로봇 나오는 다른 사람들의 감정이나 반응을 파악하는 데 어려움을 겪는 자폐증 어린이들이 감정적 상태를 식별하는 훈련을 하도록 도와준다.[5]

이처럼 인공지능이 나의 욕망을 정확하게 인식하여 그 욕망을 최적으로 실현시키는 가상현실을 제공해줄 때 그곳이 바로 현대 문명이 꿈꾸는 천국이 될 것이다. 현대 문명의 이상은 바로 욕망 충족이기 때문이다. 그러나 개개인이 은둔형 외톨이가 되어 자신이 창조한 최적의 가상현실 속에서 욕망을 최대한 충족해가는 유토피아적 미래와 함께 현대 문명이 두려워하는 정반대의 미래가 있다. 그것은 가상현실이 인공지능이나 소수의 사람에게 독점되어 그들이 꿈꾸는 새 세상의 프레임을 창조하려고 할 때, 대다수 인간은 그들이 만든 프레임에 갇혀 폐인이 되어 무력하게 시간을 낭비하면서 노예로 전락하는 것이다.[6] 그런데 이 두 가지 시나리오가 과연 반대되는 것일까? 자신의 욕망을 최대한 투영한 가상현실을 만들어 그 속에서 평생을 살아가는 삶과 인공지능이나 독재자가 만들어낸 가상현실 속에서 그것을 의식하지 못하고 살아가는 삶이 어떤 차이가 있을까?

가상현실은 3단계를 거쳐 발전하고 있다. 제1세대 가상현실은 4D 스크린을 통한 가상현실이다.[7] 제2세대 가상현실은 HMD Head-mount Display, 즉 이마에 쓰는 헬멧 타입의 가상현실이다. 제3세대 가상현실은 뇌파연동을 통한 가상현실이다. 영화 〈매트릭스〉에서 보여주는 가상현실이 바로 제3세대 가상현실이다. 사실상 두뇌에 직접 가상현실 정보를 송수신하는 제3세대 가상현실이 가상현실의 종결판이다.

〈매트릭스〉에서는 인간들에게 대학살을 경험한 인공지능 로봇이 모여 독자적인 세계를 만들고 인간과 대결한다. 인간은 인공지능의 에너지를 차단하기 위해 햇볕을 가리지만 결국 인공지능과의 전쟁에서 패해 햇볕 대신 생체 에너지를 제공당하는 처지로 전락한다. 인공지능은 인간의 감정 변화에 따라 발생하는 생체 에너지를 활용하기 위해 두뇌에 가상현실을 연결하여 인간이 마치 일상생활을 경험하는 것처럼 느끼게 한다. 〈매트릭스〉가 보여주는 미래가 현대 문명이 두려워하는 최악의 가상현실일 것이다.

그렇다면 〈매트릭스〉에 반대되는 최상의 가상현실은 무엇일까? 이 질문은 적절하지 않다. 가상현실의 발전이 독립적이라는 발상은 현대적 발상이기 때문이다. 가상현실은 독립변인이 아니라 매개변인이다. 독립변인은 세계관이다. 따라서 가상현실에 대한 탈현대적 질문은 다음과 같다. 탈현대를 위해 우리는 어떻게 가상현실을 활용할 수 있을까?

2. 임사체험과 가상현실

 가상현실의 기술적인 발전에서 우리가 참고할 수 있는 중요한 경험이 있다. 바로 임사체험이다. 임사체험은 두 가지 측면에서 가상현실의 미래를 보여준다. 하나는 시간의 압축이고 또 하나는 감각복합이다. 그러나 시간의 압축과 감각복합은 사실 밀접하게 관련된 현상인지도 모른다. 모두 다 제3세대 가상현실로서 직접 우리의 두뇌에서 일어나는 현상이기 때문이다.
 물론 임사체험은 탈현대를 위한 가상현실의 활용에서 대표적인 것이기도 하다. 임사체험은 에고를 벗어나는 중요한 경험이기 때문이다. 티베트 불교에서는 임사체험 경험자들을 '델로크' 즉 '죽음에서 돌아온 사람'이라고 부르는데, 델로크들의 증언 중 공통되는 것은 긴 터널을 빠져나가 밝고 평화스럽고 지극히 행복한 빛과 만나 그 빛과 하나가 되어 지복을 누리는 경험을 한다는 것이다. 지복은 물론 에고를 벗어나 전체와 하나가 되는 경험에서 느끼게 되는 것이다.
 현재 가상현실의 발전에 가장 큰 걸림돌은 장시간의 체험이 어렵다는 것이다. 체험자들은 10분 이상 시간이 지나면 어지럼증과 구토를 느낀다. 그렇기 때문에 임사체험의 시간 압축이 가상현실의 발전에 큰 시사점을 주는 것이다. 임사체험의 특징은 시간 감각이 전혀 없다는 것이다. 임사체험을 겪은 사람들은 공통적으로 시간이라는 것이 없고 영원히 현재가 계속된다는 느낌을 받았다고 이야기한다.[8] 또 임사체험을 겪은 사람들은 '고차적 의식체험'을 말하는데 이는 요가의 명상이나 기독교나 이슬람교의 신비주의 체험과 같이 우주의 전일성을 직관적으로 파악하는 의식체험을 말한다. 핀란드의 의학박사인 라우니 리나 루카넨 킬데는 이를 다음과 같이 말한다.[9]

우리는 우주의 끄트머리에 있는 아주 작은 지구라는 혹성 위의 3차원에 갇혀 있습니다. 거기서 우주를 바라보면서 우주가 멀리 저쪽에 있다고 생각합니다. 그러나 그 3차원 세계에서 차원을 뚫고 한 발 내디디면 바로 전 우주가 일체가 된 고차원적 의식 세계가 펼쳐져 있습니다. (중략) 아주 소수이기는 하지만 임사체험을 통해 혹은 우주인과의 접촉을 통해 혹은 고차원적 의식 체험을 통해 이미 눈을 뜬 사람들이 있습니다. 아이들에게 알파벳을 가르쳐주듯이 그 사람들이 일반인들에게 의식의 각성을 설득하고 있는 상황이 현 단계라고 생각합니다.

임사체험에서 체험자들이 공통적으로 겪는 현상은 두 가지이다. 하나는 검은 터널을 통과하는 것이다. 이 터널을 통과하는 과정을 파노라마 스테이지라고 하는데, 이 터널을 통과하면서 태어나면서부터 죽을 때까지의 모든 경험을 다시 한 번 반복하기 때문이다. 임사체험자들이 임사체험을 하는 시간은 고작 2~3분에 불과하지만 그 시간 동안 이들은 죽음에 이르기까지 모든 것을 다시 체험한다. 또 하나는 터널 끝에서 태양보다 밝은 빛을 만난다는 것이다.

칼 세이건은 「모태 속의 우주」라는 논문을 통해 이러한 터널 체험이 출생 시의 경험과 같다고 주장한다. 즉 아기가 태어나는 산도가 터널이고 산도의 출구 끝에 보이는 빛이 바로 태양보다 밝은 빛이라는 것이다.[10]

모든 인간은 예외 없이 죽음의 세계로부터 돌아온 여행자와 비슷한 체험을 한다. 즉 부양감이나 암흑에서 빛으로 빠져나가는 것, 빛과 영광에 둘러싸인 신과 같은 인물이 어렴풋이 감지되는 것 등이 그것이다. 이 조건을 충족시키는 유일한 공통 체험이 있다. 사람들은 그것을 가리켜 탄생이라고 한다.

그런데 출생 시의 경험과 임사체험이 결정적으로 다른 것은 출생시의 경험은 임사체험과 달리 파노라마가 존재하지 않는다는 것이다. 칼 베커 교토대 교수는 「왜 출생 모델로 임사 현상을 설명할 수 없는가?」라는 논문을 통해 신생아는 지적 능력도 기억 능력도 없기 때문에 출생 시의 기억이 남아 있을 수가 없다고 주장하였다.[11]

임사체험의 시간압축과 밀접하게 관련된 현상은 감각복합이다. 감각복합은 영어로 'synesthesia'라고 하는데 소리를 들으면 색깔이 보이거나 거꾸로 무언가를 보았을 때 소리가 들려오는 경우처럼 어떤 감각이 자극을 받았을 때 동시에 다른 감각도 자극을 받는 현상을 말한다.[12] 프랑스 시인 랭보의 시 「모음」에는 "A는 검은색, E는 흰색, I는 붉은색, U는 녹색, O는 파란색"이라는 구절이 있다. 이것이 바로 소리를 들으면 색깔을 보는 색청(색청, colour-hearing) 현상이다. 임사체험자들은 감각복합을 통해 이 짧은 시간에 모든 형상, 소리, 느낌을 분명한 깨어 있음 속에서 동시에 인식하게 된다. 이것은 깨달은 마음의 전지全知와 비슷한 현상이라고도 할 수 있다.[13]

일반적으로 감각복합은 유아에게 강하게 나타나고 성장함에 따라 약해진다. 이를 통해 인간의 감각신경계는 원래 공통적인 기반을 가지고 있는데 성장함에 따라 특정한 감각 입력과 특정한 감각 중추가 결합하는 방식으로 분화되는 것으로 추정된다. 임사체험은 감각복합 현상을 강화시킨다. 그 까닭은 임사체험을 통한 에고의 소멸이 감각을 더욱 생생하게 만들기 때문이다. 알마스는 이를 다음과 같이 말하고 있다.[14]

단지 우리가 늘 마음과 동일시하기 때문에 마음에 묶여 있는 것뿐이다. (중략) 마음이 사라지면 경험도 사라질 것이라고 생각하는 사람들이 많다. 사실은 그 반대다. 자각은 더욱더 강렬하고 명료하고 투명하게 지속된다. 색채는 더욱 생생해지고 형상은 훨씬 더 윤곽이 분명해진다. 모든 장막과 투사와 개념이 사라져서 모든 것이 더욱더 자기 자신으로 있게 되기 때문이다.

임사체험 중 아주 짧은 시간에 전 생애를 다시 경험하는 파노라믹 스테이지가 가능한 것은 우리 의식이 빛과 같은 속도를 갖기 때문이다. 알마스는 우리가 지금 이 순간 경험하는 것은 자신의 의식이며, 흐르는 빛이라고 했다.[15] 빛에게는 시간이 흐르지 않는다. 즉 빛에게는 늘 영원한 지금인 것이다. 오직 지금밖에는 아무것도 없다. 빛은 특정한 속도로 공간을 여행하지만 나이가 든다는 경험을 갖지 않는다.[16] 따라서 우리가 현재라고 부르는 것은 실제로 시간과 시간 없는 현존 사이에 있는 교차점이다. 우리가 참본성을 만나는 유일한 곳은 과거와 미래가 아닌 현재의 순간에 있다.[17]

3. 가상현실과 깨달음

　동양사상에서는 에고가 중심이 되어 사는 삶 자체를 이미 가상현실이라고 한다. 이때 가상현실에는 두 가지 의미가 있다. 첫 번째는 피부경계선을 중심으로 나와 내가 아닌 것을 구분하여 사는 것 자체가 진정한 삶이 아니라 가상현실이라는 것이다. 또 하나는 인간의 감각기관이 갖는 인식 자체의 한계로 말미암아 현실을 있는 그대로 인식할 수 없고 감각기관의 틀 안에서 왜곡된 형태로 인식한다는 뜻이다.

　불교의 인식론에 따르면 우리는 누구나 자기가 만든 커다란 세계 속에 살고 있다. 마치 엄청나게 큰 투명한 공 속에 살고 있는 셈이다. 그 공 속에 자기를 포함해서 자기가 아는 모든 사람과 세계가 들어있다. 다른 사람들 역시 자기가 만든 커다란 공 속에 살고 있다. 그런데 중요한 것은 갑이라는 사람의 세계 속에 있는 병이라는 사람과, 을이라는 사람의 세계 속에 있는 병이라는 사람이 동일하지 않다는 것이다. 갑의 세계 속에 있는 병은 갑의 병일 뿐이고 을의 세계 속의 병은 을의 병일 뿐이라는 뜻이다. 두 세계 속의 병은 전혀 다른 사람일 가능성이 높다는 것이다.

칠레 출신의 생물학자 겸 철학자인 마투라나는 우리가 스스로 만든 세계 속에 살고 있음을 실험을 통해 밝혔다. 물론 마투라나 이전에 독일의 생물학자 폰 윅스퀼도 모든 동물은 스스로 가상세계를 구성하여 산다는 놀라운 주장을 했다. 즉 배추흰나비는 노란색에서 자외색까지 볼 수 있고 호랑나비는 빨간색에서부터 자외색까지 인지를 하는데 이처럼 서로 다른 인지능력으로 인해 서로 다른 가상세계를 만들어 산다는 것이다. 윅스퀼은 이를 불교의 투명한 공 이론에 비교하여 비누방울 속의 세계라고 불렀다.

마투라나는 1980년 제자인 바넬라와 함께 쓴 『자기 생산과 인지』, 그리고 『인식의 나무』라는 책을 통해 인간을 포함한 모든 동물에게서 대상을 인식하는 인지 시스템은 닫힌 상태로 작동한다고 주장하였다. 즉 인지 시스템이 외부 환경으로부터 들어온 자극이나 정보들을 자신의 고유한 작동 방식에 의해 처리한다는 뜻이다. 물론 칸트도 우리가 물자체를 인식하는 것이 아니라 현상에 대한 인식을 한다고 했지만, 마투라나는 우리의 인식이 외부 세계에 대한 인식이 아니라 스스로 구성한 세계의 인식이라고 한 점에서 더 급진적이다. 그래서 그의 인식론을 급진적 구성주의라고 부른다. 한마디로 우리가 세계를 그렇게 구성하기 때문에 세계가 우리에게 그렇게 나타나고 세계가 그렇게 나타나기 때문에 우리가 세계를 그렇게 구성한다는 것이다.

불교에 일수사견一水四見이라는 우화가 있다. 같은 물이지만 천계天界에 사는 신神은 보배로 장식된 땅으로 보고, 인간은 물로 보고, 아귀는 피고름으로 보고, 물고기는 보금자리로 본다는 것이다. 마투라나는 잠자리는 잠자리만의 세계를 구성하고 거기서 살며 인간도 마찬가지라고 한다.

그렇다면 우리가 각자 자신이 만든 세계 속에 살고 있는데 우리는 어떻게 소통할 수 있을까? 물론 마투라나는 생물학자이기 때문에 인간의 두뇌가 50만 년에 이르는 진화 과정에서 어느 정도 공통성을 가진다고 말한다. 그는 이를 '괄호 친 객관성'이라고 하는데 나에게 빨간색으로 보이는 것은 나와 같은 인지 시스템을 가진 존재에 한정되어 빨갛게 보인다는 것을 말한다. 어떤 동물과 그가 만든 세계를 함께 짝지어 괄호를 쳐서 인정하는 객관성이 괄호 친 객관성이다.

불교의 인식론이나 마투라나의 '급진적 구성주의'가 말하는 것은 일어나는 상념이 문제가 아니라 그 상념과 자신을 동일시하는 것이 문제라는 것이다. 윤리와 지식에 대한 마투라나의 입장은 '무릇 함이 곧 앎이며, 앎이 곧 함'이라는 일종의 지행합일이다. 여기서 함이란 곧 세계를 구성하는 행위를 말하고, 앎은 그 세계를 경험하는 것을 말한다. 함이란 세계가 존재하는 방식이고 앎은 세계가 우리에게 나타나는 방식이라고도 할 수 있다. 우리는 세계를 구성하는 행위와 세계를 인지하는 경험을 구분할 수 없다. 그래서 마투라나는 우리가 다르게 살 때만 세계가 변한다고 말한다.

우리가 다르게 산다는 말은 우리의 눈앞에 펼쳐진 세계가 에고의 틀 속에서 벗어나지 못하고 있음을 자각하는 것에서 시작된다. 내 안에 있는 참 자아에서 벗어나 추구하는 것은 모두가 에고의 작용에 지나지 않는다. 그것이 개인의 사욕을 충족시키는 것이든, 인류 평화를 성취하려는 것이든 관계없이 결코 도달할 수 없는 신기루를 쫓는 것에 불과하다. 에고가 주체인 상태에서 욕망이나 충동으로부터 자유로워지려는 모든 노력은 불가능한 것이다. 공산주의의 실패나 평화운동을 비롯한 모든 도덕적 선의지를 토대로 한 사회운동이 근본적으로 실패할 수밖에 없는 이유도 동일하다. 그러므로 에고를 제거하고 참 자아를 회복하지 않는 한 인류는 막다른 골목에서 벗어날 수 없다.

에고를 벗어나 참 자아를 회복하는 데 거쳐야 하는 것은 감정과 느낌이다. 에고는 머리이고 감정과 느낌은 가슴이고 그 가슴 다음이 존재이다. 우리가 흔히 '사랑에 빠진다'고 표현하는 것은 머리에서 가슴으로 내려오기 때문이다. 이를 이어령은 '지성에서 영성으로'라고 했고 또 어느 수행자는 머리에서 가슴으로 내려오는 데 평생이 걸렸다고 말하기도 하였다. 라즈니쉬는 인간은 머리, 가슴, 그리고 존재라는 세 가지 지평을 가지고 있다고 하였다. 머리는 생각하고, 가슴은 느끼고, 그리고 존재는 있는 것이다. 그래서 인간의 성장은 머리에서 가슴으로 그리고 가슴에서 존재로 이동해야 한다고 말한다. 우 조티카는 이렇게 말했다.[18]

다른 사람들을 돕는 것을 가장 중요하게 여기는 사람들도 있지만

가장 중요한 일은 자신의 삶을 진지하고 열심히 사는 것이며
자신의 참 본성을 더 깊이 이해하기 위해 노력하는 것이다.
그대가 자신의 참 본성을 알아차렸을 때만
진실로 남을 도울 수 있다.

데이비드 호킨스는 인간의 근원적 능력을 두 가지로 구분한다.[19] 그 한 가지는 긍정적인 힘인 Power이고 또 한 가지는 단순한 물리적인 힘인 Force이다. 전자가 참 자아에서 비롯되는 힘이라면 후자는 본능적 이기심에서 비롯되는 힘이다. 호킨스가 구분하는 Power와 Force는 유학에서 구분하는 본연지성本然之性과 기질지성氣質之性과 비슷하다. 또 장자가 말하는 '하늘의 하늘天之天'과 '사람의 하늘人之天'의 구분과도 비교할 수 있다. 인간이라면 누구나 가진 천부적인 재능은 장자의 분류에 따르면 인지천에 해당된다. 그러나 장자는 인지천만 중시하는 것은 큰 잘못이라고 말한다. 그들 사이에서 벌어지는 경쟁과 갈등이 결국 사회를 파탄시킬 것이기 때문이다. 누구나 자신이 가진 재능을 최대한 발현하는 사회는 근대 계몽주의자들의 이상이기도 하다. 그들은 장자와는 달리 누구나 자기의 재능을 최대한 발휘하는 사회는 보이지 않는 손에 의해 조화롭게 공존할 수 있다고 생각하였다. 물론 도덕적 선의지라는 실천이성이 작용을 하겠지만, 마치 수요와 공급이 가격이라는 푯대로 저절로 균형을 잡아가듯이 말이다. 유학의 본연지성, 그리고 장자의 하늘의 하늘이 호킨스와 약간의 차이가 있다면 호킨스의 Force는 부정적인 힘이라는 의미가

있지만 유학의 기질지성과 장자의 인지천은 중립적인 의미로 이해된 다는 것이다.

본연지성은 모든 인간 나아가 모든 생명체에게 공통적으로 주어진 근원적 능력이다. 유학에서는 그것을 사랑[仁]이라고 한다. 기질지성은 각각의 인간, 각각의 생명체를 구성하고 있는 기질의 차이에 따라 달라지는 능력이다. 따라서 기질지성은 개개인의 본능적 욕망까지를 포함한다. 본성의 발현이란 본연지성에 바탕을 둔 기질지성의 개화이다. 기질은 사람마다 다르다. 따라서 서로 다른 기질을 가진 사람들이 자신의 본연지성을 활짝 꽃피울 때 아름다운 꽃밭과 같이 조화롭게 어울릴 수 있다. 장자의 하늘의 하늘은 유학의 본연지성과 같고 사람의 하늘은 기질지성과 같다. 장자는 사람들이 사람의 하늘만을 중시하는 까닭에 경쟁과 갈등이 나타나게 되었다고 말한다.

영화 〈인셉션〉에는 꿈속에서 꿈을 꾸는 이야기가 나온다. 가상현실이 바로 꿈속에서 꾸는 꿈이라고 볼 수 있다. 가상현실이 꿈이라는 것을 자각하면 스스로 현실이라고 생각했던 것이 꿈이라는 것을 자각할 수 있을까? 가상현실을 『구운몽』이라는 소설과 같이 삶이 꿈임을 자각하는 계기로 삼을 수 있을까?

깨달음을 위한 가상현실의 구축은 크게 네 가지 유형으로 가능할 것이다. 한 가지는 앞에서 언급한 가상현실을 통해 임사체험을 경험하도록 하는 것이다. 가상현실을 통한 임사체험은 가장 현실성 있고 효율적인 교육 프로그램이다. 지금까지의 죽음 교육은 입관 체험과 같이 자신의 죽음을 미리 체험해보는 것에 지나지 않았다. 그러나 임사체험은 그 체험을 한 사람에게 근본적인 변화를 가져온다. 임사체험은 자신의 죽음을 체험하는 것은 아니다. 물론 「크리스마스캐럴」의 스크루지 영감과 같이 자신의 죽음을 체험하는 것도 우리 삶에 커다란 변화를 불러온다. 임사체험도 여러 가지 유형으로 나눌 수 있다. 「크리스마스캐럴」의 스크루지 영감이 겪은 것처럼 자신이 죽은 후 가까운 부모 형제와 이웃들의 삶의 모습을 보여주는 가상현실도 가능할 것이다. 깨달음이라는 것이 에고에서 벗어나는 경험이라면 스크루지 영감이 겪는 경험도 그 깨달음의 한 유형이라고 볼 수 있기 때문이다.

가상현실을 통한 임사체험에서 가장 중요한 것은 파노라믹 스테이지이다. 자신의 삶을 짧은 순간에 다시 한 번 경험하게 하려면 가상현실 경험자의 자기 진술을 통한 삶의 재구성이 필요하며, 동시에 감각복합을 통해 시간을 단축하는 기술이 요구된다. 파노라믹 스테이지 이후의 장면은 문화권에 따라 다양하게 구성할 수 있을 것이다. 기독교 문화권에 있는 경험자는 밝은 빛과 감싸 안는 포근함을 느끼게 해주는 것이 필요하며, 일본 문화권에 있는 경험자들은 삼도천을 건너는 경험을 느끼도록 해주면 좋을 것이다.

깨달음을 위한 가상현실에서 두 번째로 생각해볼 수 있는 것은 욕망 충족적 삶의 덧없음을 느끼게 해주는 교육 프로그램이다. 이른바 구운몽류의 가상현실이다. 이 프로그램 역시 가상현실 경험자의 욕망이나 문화적 배경에 따라 다양하게 구성할 수 있다. 구운몽류의 가상현실이 활용되려면 앞에서 언급한 시간압축과 감각통합이 이루어져야 한다. 온갖 욕망의 실현이 헛된 것임을 깨닫게 하려면 현실보다도 더 생생한 욕망 충족이 이루어지도록 해야 하기 때문이다.

구운몽류의 가상현실과 같이 욕망 충족적 삶의 덧없음을 깨닫게 하지만 전혀 다른 프로그램도 있다. 즉 불교의 구상관九想觀과 같이 자신이 죽은 후의 신체적 변화를 가상현실을 통해 경험하게 하는 것이다. 구상관은 죽음의 과정을 자세히 관찰하여 몸을 나라고 집착하는 어리석음을 치유하기 위한 방편이다. 첫째, 창상脹想은 사람의 시체가 부어 마치 곡식을 담은 자루처럼 탱탱한 모습을 관하는 것이다. 둘째, 괴상壞想은 시체의 가죽과 살이 문드러지고 오장이 썩는 모양을 관하는 것이다. 셋째, 혈도상血塗想은 시체의 온몸이 피고름으로 더러워진 모양을 관하는 것이다. 넷째, 농란상膿爛想은 시체가 썩어서 벌레와 고름이 흘러나오고 살이 흩어진 모양을 관하는 것이다. 다섯째, 청어상靑瘀想은 시체가 바람에 쏘이고 비에 씻겨 피고름이 엉켜 푸르스름한 모양을 관하는 것이다. 여섯째, 담상 想은 시체가 새, 짐승, 구더기, 개미 등에게 파 먹히는 모양을 관하는 것이다. 일곱째, 산상散想은 가죽과 살은 없어지고 뼈만 붙어 있으면서 머리와 다리가 뒤섞인 모양을 관하는 것이다. 여덟째, 골상骨想은 백골이 낭자한 모양을 관하는 것이다. 마지막으로 소상燒想은 죽으면 화장하여 악취가 나고 마침내 재와 흙이 되어 흩어지는 모양을 관하는 것이다.[20]

세 번째는 깨달은 사람과 가상현실에서 직접 만나도록 하는 프로그램이다. 이를 위해서는 깨달은 사람을 대신할 프로그램이 필요하다. 영화 〈그녀〉에 나오는 프로그램과 마찬가지로 모든 것을 포용하고 이해해주며 동시에 에고의 소멸을 경험토록 해주는 프로그램이 제공되어야 한다. 얼마 전 중국에서는 승려 인공지능 로봇이 만들어졌다고 하는데, 이러한 프로그램이 완성되면 정말로 깨달은 인공지능 로봇이 나타날 수 있을 것이다.

네 번째는 현재 오프라인에서 이루어지고 있는 수행 프로그램을 가상현실에서 체험하도록 하는 것이다. 플럼빌리지의 수행 프로그램이나 해인사 사미승 프로그램을 직접 가상현실에서 체험하도록 하는 것이다. 물론 이런 프로그램의 운용에서도 중요한 것은 감각복합을 통한 시간의 압축이다.

4. 탈현대의 여가와 에고의 소멸

　가상현실이 인간의 욕망 충족만을 위한 도구로 활용될 것이라는 전망은 현대 문명의 관점에서 보면 지극히 당연한 것이다. 그래서 가상현실을 발전시킬 원동력은 섹스산업이라고 보기도 한다. 그러나 탈현대 문명의 관점에서 볼 때 가상현실은 탈현대적 세계관, 탈현대적 문명을 실현하기 위한 가장 중요한 수단이 될 수 있다. 왜냐하면 향후 인공지능 로봇을 통해 인류가 진정으로 노동으로부터 해방될 때 가상현실이 모든 여가 생활의 중심이 될 것이기 때문이다.

　삶의 대부분이 여가로 주어질 때 사람들은 어떻게 여가를 보내게 될까? 여가 시간이 지루함과 불안함, 보람 없는 분주함이나 고독감과 동의어인 사람들이 있는가 하면, 행복하고 보람 있는 활동과 도전의 기회인 사람들도 있다.[21] 아리스토텔레스는 행복 추구의 수단으로 여가를 삶의 목표로 설정하고 진정한 여가를 누리기 위한 사회적 차원의 여가 교육을 강조했다.[22] 아널드 토인비 또한 "미래 문명의 발전은 여가를 어떻게 처리하느냐에 달려 있다"고 했다.[23] 이처럼 여가는 개인적인 차원에서는 행복의 가장 중요한 수단이고 또한 미래 문명의 발전에 핵심적인 요소이다.

그렇지만 학교를 포함해서 어느 누구도 여가를 어떻게 보내야 하는가를 가르쳐주지 않는다. 칙센트미하이는 "사람들은 자유 시간을 즐기는 것이 누구나 할 수 있는 일이며 별다른 기술도 필요하지 않다고 생각한다. 하지만 실제로는 그 반대다. 자유 시간은 일보다도 즐기기가 어렵다. 여가를 효과적으로 쓰는 방법을 알지 못하면 여가가 아무리 생겨도 삶의 질은 높아지지 않는다. 여가를 효과적으로 쓰는 것은 자동적으로 획득할 수 있는 기술이 아니다"라고 했다. 그는 여가를 효과적으로 쓰는 방법의 하나로 최적 경험이라고 일컫는 몰입감을 안겨주는 사례를 제시한다. 체스, 암벽 등반, 요트 타기, 작곡, 춤 등이 그것이다. 이 사례들은 규칙과 기술을 습득해야 하고 목표가 분명하며 명확한 피드백을 제공하는 활동들이다. 우연에 맡기지 않고 자신이 통제해야 하는, 일상과 확연히 구분되는 활동이다.[24]

만약 인간의 의식이 근본적으로 변하지 않는다면 기본소득의 지급에 따른 무한한 여가 시간은 대부분 인공지능과 결합한 가상현실의 삶 속에서 보내게 될 것이다. Y콤비네이터 CEO인 샘 올트먼은 기본소득이 실현되면 대부분의 사람들이 욕망 충족의 삶을 살게 될 것이라고 말한다.[25]

"(기본소득이 실현되면) 아마 사람들 가운데 90%가 마리화나나 피우고 비디오게임을 하며 살아가게 될지도 모른다. 그러나 나머지

10% 정도라도 새로운 혁신적 제품과 서비스 그리고 새로운 부를 창출하는 데 성공한다면, 그것으로도 (인류 사회는) 큰 이익을 보는 것이다.

제3세대 가상현실은 마리화나나 비디오게임과 비교할 수 없을 정도로 강한 쾌감을 줄 것이다. 영화 〈매트릭스〉와 같이 인공지능이 인간을 강제적으로 가상현실에 접속하지 않더라도 인간 스스로 자발적으로 가상현실에 접속하여 그 속에서 살아가게 될지도 모른다. 여가교육이 필요한 까닭이 여기에 있다. 그렇다면 탈현대 문명을 위한 여가는 어떤 것일까?

현대 문명 속에서 삶의 목표는 분명하지 않다. 현대인은 자신이 원하는 것을 잘 알고 있다는 착각 속에서 살지만 실제로는 타인의 관점에서 볼 때 그가 원하는 게 마땅한 것만 원한다.[26] 현대인이 원하는 것은 진짜 그들의 소망이 아니라 외부에서, 다른 사람에게서 주어진 것이다. 프롬은 루이지 피란델로를 인용하여 이렇게 말한다.[27]

나는 누구일까? 내 신체적 자아가 지속된다는 것 말고 내 정체성을 입증할 어떤 다른 증거가 있을까? 개인의 자아를 긍정한 데카르트와 달리 그의 대답은 자아의 부정이다. 내게는 정체성이 없다. 타인이 나에게 기대하는 것의 거울상을 빼면 자아란 없다. 나는 '네가 원하는 나'일 뿐이다.

탈현대 문명에서는 인간 개개인이 자신의 본성을 실현하는 것을 삶의 목표로 삼는다. 인간이 자신의 본성을 실현하는 방법에는 여러 가지가 있다. 노동을 통한 본성의 실현도 그중 하나의 방법이다. 즉, 노동을 통해 창조한 자신의 고유한 창조물이 곧 본성의 실현이라고 보는 것이다. 그러나 이러한 본성의 실현은 부수적인 것이다. 본성의 실현은 융이 말하는 자기실현 즉 개성화이다. 즉, 자기 자신이 되는 것이 본성의 실현이다.

개성화란 자신의 무의식을 의식화하는 작업이다. 융C. G. Jung은 이를 자기실현이라고 불렀다. 이때 자기Selbst는 자아ego와는 다르다. 자아는 만들어진 것이다. 필요할 때 쓰는 가면persona에 불과하다. 자기실현은 이러한 인위적인 가면을 벗어버리는 것이다. 그 방법은 어둠 속에 있는 자아에 빛을 비추는 것이다. 그래서 개성화는 자기인식selbsterkenntnis의 과정이다. 자기인식이란 무의식의 내용들을 인식하는 과정이며, 의식화Bewusstwerdung의 과정이다. 의식화를 통해 우리는 자아라고 불리는 것이 온통 쓰레기로 이루어져 있음을 알 수 있다. 이러한 쓰레기를 다 비워버렸을 때 우리는 비로소 자신이 칠판에 쓰인 글자가 아니라 칠판 그 자체이며, 밤하늘에 빛나는 별이 아니라 하늘 그 자체임을 알게 된다.

융은 자기는 심리학적으로 인간의 정신적인 전체성이라고 정의한다. 이러한 자기는 우리에게 아직 알려지지 않은 본체로서 우리의 파악 능력을 넘어서 있는, 실로 헤아릴 수 없는 깊이와 크기를 가진 것이라고 한다. 자기의 진정한 의미는 그 사람의 개성individualitat이다.

따라서 우리가 실현해야 할 것은 집단규범으로서의 그리스도나 부처를 흉내 내는 것이 아니라, 개성적인 길을 걸어간 그리스도와 부처의 그 정신과 용기이다. 이러한 용기를 통해 우리는 붓다와 그리스도가 아니라 자기 자신이 될 수 있다.

노동이 사라진 탈현대 사회에서 모든 시간은 곧 여가 시간이고 모든 여가 시간은 본성의 실현을 위한 시간이 되어야 한다. 융이 말하는 개성화란 곧 본성의 실현을 통해 자기 자신의 삶을 완성하는 것을 뜻한다.

윌리엄 블레이크는 「순수의 전조」라는 시에서 다음과 같이 말했다.

> 인간은 기쁨과 슬픔을 위해 태어났으며
> 우리가 이것을 제대로 알 때 비로소
> 우리는 세상을 안전하게 지나갈 수 있다.
> 섬세하게 직조된 기쁨과 슬픔은
> 신성한 영혼을 위한 안성맞춤의 옷
> 모든 비탄과 갈망 아래로
> 비단으로 엮어진 기쁨이 흐른다.
> (중략)
> 우리는 눈을 통해서 보지 않을 때
> 거짓을 믿게 된다.
> 눈이란 영혼이 빛살 속에 잠잘 때
> 밤에 태어나 밤에 사라지는 것

밤에 사는 가련한 영혼들에게
하느님은 나타나시고 하느님은 빛이시다.
그러나 빛의 영역에 사는 사람들에게는
인간의 모습을 드러내 보이신다.

샤르트르는 『존재와 무』에서 인간을 제외한 즉자적 존재에게는 오직 현재만이 있고, 대자적 존재인 인간에게는 과거와 미래가 있는데, 이것이 인간이 타 존재에 비해 우월한 것이라고 했다. 그러나 우리는 그 우월을 넘어서서 다시 오직 현재만이 있는 시간을 회복해야 한다. 오직 현재만이 있는 시간 속에서는 모든 것이 새롭다. 새로움은 항상 두려움과 긴장을 준다. 그런데 그 두려움과 긴장은 사실 매일이 똑같다는 생각의 바탕에서 만들어지는 것이다. 어차피 매 순간, 매일, 매 주가 다른 것이라면 새로운 시간이라고 해서 특별히 두렵거나 긴장해야 할 이유는 없을 것이다. 시간의 영역에서는 매일이 가을이다. 싹을 틔우고 성장하고 하는 기다림이 없다는 뜻이다. 가을의 시간에서 우리가 수확해야 할 것은 매 순간의 현재이다. 우리가 현재에 머무르는 순간만 수확의 대상이라는 뜻이다. 과거와 미래를 왕복하는 순간은 결코 수확할 수 없다.

『요가 수트라』는 에고의 시간을 '수평적 시간'이라고 하고 셀프의 시간을 '수직적 시간'이라고 하였다.[28] 라즈니쉬는 예수 십자가의 의미는 수평적 시간을 수직적 시간으로 바꾸라는 의미라고 말한다. 수평적 시간에서 수직적 시간으로 바꾸는 것은 삶에서 완벽함이 아니라 전체성을 추구하는 것과 같다. 전체성과 완벽함은 어떻게 다른가? 완벽함은 수평선에서 움직인다. 왜냐하면 완벽함은 지금 여기가 아니라 미래 언젠가 존재할 것인 반면, 전체성은 이 순간, 지금 여기에서 이루어지기 때문이다.

앤소니 드 멜로 신부는 이렇게 말했다.[29]

> 음악은 플루트의 텅 빈 속이 필요하고
> 글씨는 그 지면의 여백이
> 빛은 창문이라는 빈자리가
> 거룩함은 자아의 부재가 필요하다.

탈현대 문명이 현대 문명을 극복하여 이룩하는 것이라고 해서 탈현대 문명이 문명 이전의 상태로 돌아가자고 주장하는 것은 아니다. 그런 점에서 탈현대 문명론은 '구석기 시대로 돌아가자'는 반문명론과는 구별된다. 탈현대 문명과 문명 이전의 구석기 시대는 많은 공통점이 있다. 아직 에고가 형성되지 않아 인간이 자연과 분리되어 있지 않은 점, 모든 것이 서로 연결되어 있는 물활론적 세계에 살고 있다는 점, 과거와 미래가 아니라 지금, 여기를 살고 있다는 점 등이 그것이다. 그러나 문명 이전의 세계와 탈현대 문명은 결코 동일하지 않다.

멀리 여행을 떠났다가 다시 집으로 돌아온 사람은 떠날 때의 그 사람이 아니다. 새로운 것을 보았고 고통을 느꼈고 새로운 아름다움을 알았기 때문이다. 두 개의 똑같은 점이 있다. 하나는 처음부터 그

자리에 있었던 점이고 또 하나는 멀리 돌아서 다시 제자리로 돌아온 점이다. 두 점은 같지만 그 안에 있는 내용은 전혀 다르다. 하나는 그냥 점이고 또 한 점은 설렘과 충만으로 편만한 점이다.

본래부터 건강한 사람과 그 건강을 잃었다가 다시 건강을 회복한 사람은 다르다. 본래 부자인 사람과 부자였다가 모든 것을 잃은 뒤 다시 부자가 된 사람도 다르다. 전자는 결코 건강의 의미와 부의 의미에 대해 알 수 없기 때문이다. 탈현대 문명은 문명 이전의 삶과 집단 에고의 문명, 그리고 개별 에고의 문명을 '포월'한다. 여기서 포월이란 포함하되 동시에 초월한다는 의미이다. 그래서 탈현대 문명은 개별 에고의 문명이 이룩한 과학기술을 전면 부정하지는 않는다. 박이문은 『문명의 미래와 생태학적 세계관』에서 "오늘의 과학기술 문명이 아무리 심각한 문제를 내포하고 있더라도 과학 지식과 기술을 버린다는 것은 마치 목욕통의 땟물을 버리려다 그 속에 들어 있는 아기까지 버리는 것과 유사하다"고 하였다.

막다른 골목에 도달한 현 인류는 과연 에고를 소멸시키고 진정한 자아를 발현할 수 있을까? 리프킨은 『소유의 종말』에서 인터넷을 통한 접속의 시대가 오히려 에고의 소멸을 가져올 수 있다는 희망적인 주장을 피력했다. 그는 이를 거건의 다음과 같은 말을 인용하여 주장하고 있다.[30]

이 자아 관념의 파편화는 조리가 없고 일관성이 없는 관계들의 복수성과 맞물려 나타난다. 이런 관계들은 무수히 많은 방향에서 우리를 끌어당기면서 다양한 역할로 우리를 초대한다. 그래서 알아볼 수 있는 윤곽을 가진 '진정한 자아'는 점점 우리의 시야에서 사라진다. 완전히 포화 상태에 이른 자아는 더 이상 자아가 아니다.

이 탈근대 세계의 최종 단계에 이르면 자아는 관계의 단계 속으로 모습을 감춘다. 자신이 파묻혀 있는 관계망에 독립된 자아가 있다는 사실을 사람들은 더 이상 믿지 않는다. (중략) 서양 역사에서 지난 수백 년 동안 한복판을 차지해온 자아는 밀려나고 그 빈자리로 관계가 밀고 들어온다.

장회익은 온생명이라는 개념을 통해 섬처럼 혼자 존재하는 자아는 존재할 수 없음을 주장하였다. 온생명이란 한 생명이 존재하기 위한 최소한의 필요조건이 갖추어진 생명의 한 거시적인 기본 단위를 말한다.[31] 온생명의 관점에서 보면 피부 밑 자아라고 하는 낱생명은 허구일 뿐이다. 태양과 구름과 바람과 나무와 흙이 없다면 어떻게 내가 존재할 수 있겠는가? 낱생명으로서 내가 지금 여기 존재한다는 것은 온 우주의 협력에 의해 가능한 것이다. 얼마나 엄청난 기적인가?

1. 네이버 두산백과.
2. 버추얼의 유의어는 'in all but name'이다.
3. 국제신문, 김찬석 수석논설위원, chansk@kookje.co.kr, 2016-02-23.
4. 구본권,『로봇시대, 인간의 일』, 에크로스, 2016, 206쪽.
5. 위의 책, 203쪽.
6. 이민화·이상욱,『가상현실을 말한다』, 클라우드북스, 2016, 서문 중.
7. 위의 책, 32쪽.
8. 다치바나 다카시,『임사체험』(상), 윤대석 옮김, 청어람미디어, 2003, 159쪽.
9. 위의 책, 220~221쪽.
10. 위의 책, 209쪽.
11. 위의 책, 210쪽.
12. 위의 책, 299쪽.
13. 툴쿠 톤둡,『티베트 명상법』, 이현주 옮김, 두레, 2002, 102쪽.
14. 알마스,『늘 펼쳐지는 지금』, 박인수 옮김, 김영사, 2015, 407쪽.
15. 위의 책, 333쪽.
16. 위의 책, 328쪽.
17. 위의 책, 329쪽.
18. 아잔 브라흐마,『술 취한 코끼리 길들이기』, 류시화 옮김, 연금술사, 2014, 240쪽.
19. 데이비드 호킨스,『의식혁명』, 이종수 옮김, 한문화, 1997, 33쪽.
20.『법구경』, 한명숙 옮김, 홍익출판사, 2005, 47~48쪽.
21. 위의 책, 180쪽.
22. 위의 책, 181쪽.
23. 위의 책, 178쪽.
24. 위의 책, 177쪽.
25. 이종태 기자, 앞의 글, 18~19쪽.
26. 에리히 프롬,『나는 왜 무기력을 되풀이하는가』, 장혜경 옮김, 나무생각, 2016, 101쪽.
27. 위의 책, 103쪽.
28. 마하리쉬 파탄잘리,『요가수트라』, 박지명·이서경 주해, 동문선, 2012.
29. 엔소니 드 멜로,『개구리의 기도 1』, 이미림 옮김, 분도출판사, 2012, 144쪽.
30. 제레미 리프킨,『소유의 종말』, 이희재 옮김, 민음사, 2004, 310쪽.
31. 장회익 외,『생태적 삶을 추구하는 영성』, 한국교회환경연구소 엮음, 동연, 2011, 31쪽.

6
인공지능 시대, 노동이 필요할까?

정재걸

1. 일자리 경쟁

 2016년 1월 세계경제포럼(다보스포럼)에서 발표된「미래 고용 보고서」의 내용은 이미 많은 화제가 되었다. 4차 산업혁명으로 로봇과 인공지능, 생명공학, 3D 프린팅 기술이 발전하면서 2020년이 되면 주요 15개국에서 710만 개의 일자리가 사라지고, 200만 개의 새로운 일자리가 생겨날 것이라는 전망으로 전 세계를 충격에 빠뜨렸다.[1] 세계적 리서치 기업인 가트너는 "2023년 의사, 변호사, 중개인, 교수 등 전문직 수행 고급기술 업무의 3분의 1을 스마트 기계가 대체할 것이고, 2030년에는 현재 일자리의 90%가 스마트 기계로 대체될 것"이라고 전망했다.[2]

 2013년 8월『닛케이 비즈니스』는 로봇으로 대체 불가능한 4종류의 직업군을 선정하였다. 첫 번째로 로봇으로 대체할 수 없는 작업을 하는 직업군이다. 영화감독, 작가, 코미디언처럼 감정과 경험이 중요한 창조적 작업, 스시 장인이나 도예가처럼 규격 통일이 어렵거나 미묘한 힘 조절이 필요한 직업이다. 두 번째는 자동화할 필요가 없는 직업들이다. 프로야구, 프로축구, 스모 선수, 모험가 등이 여기에 해당한다. 세 번째는 기계화 사회에 필수적인 직업이다. 로봇 디자이너, 로봇 정비 기술자, 컴퓨터 프로그래머 등이다. 네 번째는 로봇이 하면 사람들이 싫어할 일들이다. 의사, 간호사, 미용사 등 의료나 돌봄 서비스는 로봇이 할 수 있지만 사람들이 좋아하지 않을 가능성이 있다는 것이다.[3]

2015년 1월 6일 KBS〈시사기획 창〉에서는 인공지능과 로봇의 발전으로 20년 후에는 700여 개의 직업 중 47%가 사라질 것이라고 보도했다. 이 프로그램에서는 제일 먼저 사라질 직업으로 우리나라 학생들이 가장 선호하는 직업 중 하나인 기자를 꼽았다. 그다음으로 꼽은 것 역시 학생들이 많이 선호하는 펀드매니저였다. 인공지능은 이미 컴퓨터 알고리즘에 의해 1초에 125개의 기사를 정확하게 작성할 수 있고, 미국 증권시장에서는 주식 거래량의 70% 이상을 담당하고 있다고 한다. 또 처방전에 따라 로봇이 약을 조제함으로써 약사가 사라지고 있고, 로봇이 수술을 대신하기 때문에 의사도 조만간 사라질 직업으로 보고 있다. 또한 구글 번역기로 통역이나 번역하는 직업도 사라질 것이고, 드론의 발전으로 택배회사 직원들도 모두 일자리를 잃을 것이라고 보았다.

KBS 보도 다음 날『중앙일보』최준호 기자도 비슷한 맥락의 기사를 실었다. 그는 미국 노동부의 발표를 인용하여 앞으로 10년 후 세상에 있을 직업 중 약 65%는 지금껏 한 번도 생각하지 못한 것일 거라고 했다. 2016년 봄에 알파고가 바둑에서 이세돌을 이긴 후 인공지능에 의한 직업 상실의 두려움은 점점 더 커지고 있다. 『유엔 보고서 2045』와 같은 미래를 전망하는 책에서 많은 전문가들은 청년들에게 향후 일자리를 가지고 싶으면 로봇과 경쟁하지 않는 직업을 찾으라고 말한다. 그런데 그런 직업이 과연 남아 있을까?

2015년 4월 영국 옥스퍼드대학 마틴스쿨의 칼 프레이 교수와 마이클 오즈번 교수는 '창의성 대 로봇'이라는 연구보고서를 발표했다. 2010년 직업군 중 47퍼센트가 10~20년 안에 컴퓨터 자동화의 영향으로 줄어들거나 사라질 위험에 처했다는 것이 연구의 핵심적인 결과이다. 창의성이 높은 21퍼센트의 직업군만 컴퓨터 자동화에도 안전할 것으로 조사되었다. 예술가, 건축가, 웹 디자이너, 정보기술 전문가 등의 직업군이다.[4] 또 미국 공영 라디오 NPR은 2015년 5월 각 직업들의 기계 대체 가능성을 백분율로 표시해 발표했다. 가장 안전한 직업은 정신 건강과 약물 복용을 다루는 사회복지 상담사와 재활 치료 의사로 0.3퍼센트의 로봇 대체 가능성을 보였다. 초등학교 교사, 치과 의사, 내과 의사, 외과 의사, 서예가, 영양사 등도 0.4퍼센트의 낮은 대체율을 보이며 안전한 직업으로 조사되었다.[5]

그러나 예술가, 건축가, 웹 디자이너, 정보기술 전문가라는 직업이 과연 인공지능과 경쟁해서 살아남을 수 있을까? 초등학교 교사, 치과 의사, 내과 의사, 외과 의사, 서예가, 영양사라는 직업도 과연 안전한 직업군일까? 인공지능을 연구하는 뇌과학자인 카이스트의 김대식 교수는 "현재의 마흔 살 이상 세대가 역사상 가장 행복한 세대"라고 말했다. 그들은 발달한 기술문명의 편의를 최대한 누리면서 로

봇에게 일자리를 빼앗기지 않고 은퇴할 수 있는, 거의 유일한 세대일 것이라고 김 교수는 주장한다.[6]

한국고용정보원의 '기술 변화에 따른 일자리 영향 연구' 보고서를 보면, 우리나라도 그 위험이 다른 나라들에 뒤지지 않는다. 보고서는 기술 대체 효과로 인해 2025년 우리나라에서 1,800만 명, 약 70%의 노동자 일자리가 위협을 받을 것으로 전망했다.[7]

일자리에 대한 미래 충격은 공평하게 오지 않는다. 일자리의 위협은 고소득층보다 소득수준 중하위의 서민층에 먼저 집중될 전망이다. 고용정보원 분석에서 비슷한 직업들을 묶은 대분류별로 2025년 대체 위험을 보면, 가장 큰 직종은 '단순노무 종사자'로 90%가 위험에 직면한다. 다음은 농림어업 숙련 종사자로 86%가 해당한다. 그 밖에 식당 종업원이나 미용사 같은 '서비스 종사자', 건설 기술자 등이 속한 '기능원 및 관련 기능 종사자'가 대체 위험 70%가 넘는 고위험군에 속했다. 반면 국회의원, 최고 경영자 등의 '관리직'(49%), 교수·의사 등이 속한 '전문가 및 관련 종사자'(56%) 등은 안전한 편에 속했다.[8]

직업이 사라진다면 살아남을 다른 일자리로 재교육을 받고 옮기는 것이 개인이 취할 수 있는 전략이다. 한국고용정보원의 이번 조사에서 기술은 신체적 능력(7점 만점 가운데 4.6)을 가장 높은 수준으로 대체하고 대인 능력(4.22), 기술 능력(3.97)에서 대체 수준이 가장 낮은 것으로 조사됐다. 하지만 저소득층은 이런 기술을 요구하는 직업으로 바꾸기 위해 대응할 여력이 적다. 이를 한국고용정보원은 다

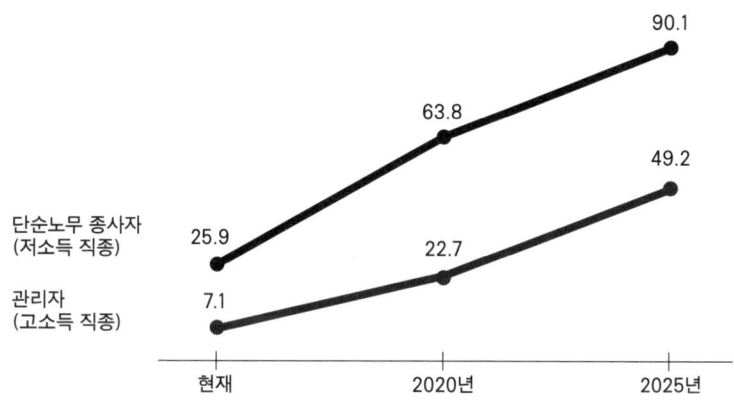

음과 같은 그림으로 표시하였다.[9]

인공지능과 경쟁하여 살아남을 수 있는 직업과 관련해 전문가들의 예측은 서로 엇갈린다. 미래의 유망 직업에 대한 전망치는 기관에 따라 엇갈리는 경우가 적지 않다. 따라서 개인들에게 필요한 것은 오히려 직업과 미래를 바라보는 관점의 변화다. 누군가의 판단에 전적으로 의지하거나 과거의 잣대로 판단하는 것은 위험하다. 또한 미래사회에서 각광받을 일자리의 상당수는 아직 개념조차 생성되지 않아 상상이 불가능한 경우가 많다.[10]

그렇지만 일자리가 감소한다는 전체적인 흐름에 대해서는 아무도 이의를 제기하지 못하고 있다. 리프킨은 『제3차 산업혁명』에서 일자리의 감소를 다음과 같이 말했다.[11]

1995년과 2002년 사이에 세계 20대 경제국에서 3,100만 개 이상의 제조업 일자리가 사라졌다. 이 기간 동안 생산성은 4.3퍼센트 증가했고 전 세계 산업생산은 30퍼센트 증가했다. (중략) 2010년 기준 미국의 제조업 노동자는 2000년에 비해 38퍼센트나 많은 시간당 생산량을 기록하고 있다. (중략) 1982년과 2002년 사이에 미국의 철강 생산은 7,500만 톤에서 1억 200만 톤으로 증가했다. 하지만 공장 노동자 수는 28만 9,000명에서 7만 4,000명으로 감소했다. (중략) 현재 1억 6,300만 명인 전 세계 제조업 근로자는 2040년이 되면 불과 수백만 명 선으로 줄어들 것이다.

2. 사지食志노동과 사공食功노동

직업교육이 학교교육의 목표가 된 현대 교육에서 일자리가 사라지면 어떻게 될까? 지금 초등학교에 다니는 아이들이 학교를 졸업하고 일자리를 찾는 것은 적어도 10년 후일 것이다. 미국 노동부의 예측이 맞는다면 이 아이들이 갖게 될 일자리의 3분의 2는 현재 전혀 상상도 할 수 없는 일자리가 될 터이다. 그런 아이들에게 열심히 공부해서 좋은 직장을 찾으라고 가르치는 것은 얼마나 무책임한 일일까?

인공지능 시대의 일자리 불확실성과 관련해 최근 역량교육이 강조되고 있다. 역량교육이란 향후 어떤 일자리가 생길지 모르지만 어떤 상황에서도 그 일에 적합한 핵심역량을 길러야 한다는 주장일 것이다. 이 역시 책임 회피에 지나지 않는다. 교육정책을 입안하는 책임을 맡은 사람들이 해야 할 일은 역량교육과 같은 그럴듯한 개념을 만들어 책임을 회피하는 것이 아니라, 일자리가 사라진 이후에 학교와 학생들이 추구해야 할 교육의 목표를 보다 분명하게 제시해주는 것이다.

현대 문명의 관점으로 보면 일자리는 단순히 생계수단이 아니다. 루터는 일과 직업이 신의 소명에 따른 것이라고 주장했고, 칼뱅은 노동을 신의 영광을 드러내는 도구라고 설파했다. 따라서 현대 문명 속에서 실직이란 곧 정체성 훼손과 자존감 상실로 이어진다. 대부분의 일자리가 사라지는 인공지능 시대에는 일자리가 더 이상 인간의 정체성이나 자존감을 지탱하는 것이 될 수 없음이 자명하다.

그렇다면 인공지능 시대의 삶을 살아갈 학생들을 위한 교육에서 일자리를 대신하여 학생의 정체성과 자존감을 형성할 수 있는 것은 무엇일까? 우리는 이를 시급히 탐색하여 학생들에게 제시해야 한다. 이 지구상에서 오직 자신만이 할 수 있고 또한 그것으로 인해 나의 삶이 풍성해지는 것, 그것이 무엇인지 찾아내도록 교육해야 한다. 그것은 일자리가 없는 시대에 더 이상 직업교육만을 고집해서는 안 된다는 것, 진로교육이 곧 일자리 교육이라고 생각하는 것에서 벗어나야 한다는 것을 의미한다. 인공지능 시대의 진로교육은 인간 개인의 정체성과 자존감을 어디에서 찾을 것인가를 더 깊이 고민하도록 하는 일이어야 한다.

맹자는 일자리를 사지노동과 사공노동으로 나누었다. 맹자 「등문공장구滕文公章句」 하下에 다음과 같은 구절이 있다.[12]

맹자의 제자인 팽경彭更이 물었다. "뒤에 따르는 수레가 수십 대이며, 종자從者 수백 명을 거느리고 제후諸侯에게 밥을 얻어먹는 것이 너무 지나치지 않습니까?" 맹자께서 말씀하셨다. "그 도道가 아니라면 한 그릇의 밥이라도 남에게 받아서는 안 되지만, 만일 그 도道라면 순舜임금은 요堯임금의 천하天下를 받으시되 지나치다고 여기지 않으셨으니, 그대는 이것을 지나치다고 여기는가?" 팽경이 대답하였다. "아닙니다. 선비가 일없이 밥을 얻어먹는 것이 불가하다는 말입니다." 맹자께서 말씀하셨다. "자네는 집을 짓는 목수와 수레를 만드는 장인에게는 밥을 먹일 것이다. 그런데 들어오면 효도하고 나가면 어른에게 공경하며 인의仁義를 행하는 사람은 자네에게 밥을 얻어먹지 못할 것이다. 그대는 어찌하여 목수와 장인은 높이고 인의를 행하는 자는 가볍게 여기는가?" 팽경이 말하였다. "목수와 장인은 그 뜻이 밥을 구하는 것이거니와 군자가 도를 행하는 것이 과연 밥을 구해서 그런 것입니까?"

(중략)

맹자가 말씀하셨다. "밥을 먹이는 것에는 두 가지가 있다. 공이 있어서 밥을 먹이는 것과 뜻이 있는 자에게 밥을 먹이는 것이 그것이다."

그것을 필요로 하는 사람에게 공功이 있어서 밥을 먹이는 것을 사공食功이라고 하고, 뜻이 있는 자에게 밥을 먹이는 것을 사지食志라고 한다. 이것이 유학의 두 가지 노동이다. 물론 두 가지 다 지불支拂 노동이다. 사지란 도를 닦고 이를 실천하는 노동에 대한 지불을 말하고, 사공이란 일상생활에 필요한 재화와 용역을 제공하는 것에 대한 지불을 말한다. 사공노동에서도 일상생활에 필요한 노동이라고 해서 모두 같은 평가를 받는 것은 아니다. 상업보다는 공업을 중시하고 또 공업보다는 농업을 중요시하는 것이 유학의 노동관이다. 맹자는 이러한 사공노동의 차이를 방패를 만드는 노동과 창을 만드는 노동을 예로 들어 설명한 바 있다.[13]

맹자께서 말씀하셨다. "화살 만드는 사람이 어찌 갑옷 만드는 사람보다 인仁하지 못하겠는가마는, 화살 만드는 사람은 행여 사람을 상하지 못할까 두려워하고, 갑옷 만드는 사람은 행여 사람을 상할까 두려워하니 무당과 관 만드는 목수도 또한 그러하다. 그러므로 기술을 (선택함에) 삼가지 않으면 안 되는 것이다."

유학의 근본 목적은 인仁의 실현이다. 인은 어려움에 처한 사람이나 사물에 대해 측은히 여기는 마음[惻隱之心]으로 발현된다. 화살을 만드는 일을 계속하다 보면 인한 마음을 해치게 되고, 갑옷을 만드는 일을 계속하다 보면 인한 마음을 보존할 수 있게 된다. 그렇기 때문에 나의 마음속에 있는 인이 발현되는 것을 돕는 직업이 좋은 직업이라는 것이다.

맹자는 사지노동과 사공노동의 구분과 함께 노동을 노심勞心과 노력勞力으로 구분하기도 하였다.[14]

그러므로 '혹은 마음을 수고롭게 하며, 혹은 힘을 수고롭게 하나니, 마음을 수고롭게 한 자는 남을 다스리고, 힘을 수고롭게 한 자는 남에게 다스려진다' 하였다. 남에게 다스려지는 자는 남을 먹여주고, 남을 다스리는 자는 남에게 얻어먹는 것이 천하의 공통된 의리이다.

노심과 노력은 플라톤의 『국가』 이래로 하나의 전통이 된 서양의 정신노동과 육체노동의 구분과 유사하다. 그러나 사지노동과 사공노동의 구분은 정신노동과 육체노동의 구분과는 분명히 다르다. 노심이나 정신노동은 지배자로서의 자질과 능력을 기르는 것에 한정되지 않고, 그러한 능력을 활용하여 국가나 사회에 도움을 주는 활동을 노동이라고 규정하는 반면, 사지노동은 자기 수양 그 자체를 노동으로 규정하기 때문이다.

그런 측면에서 사지와 사공으로 노동을 이원화한 유학의 노동관은 차라리 유승무가 말한 불교에서의 법시法施와 재시財施의 교환을 의무화한 붓다의 실험과 유사하다.[15] 즉 수행을 하는 승려는 자신의 수행을 통한 깨달음을 나누어주고, 이러한 수행승들로부터 깨달음을 전해 받는 신자들은 이들에게 공양을 제공하는 사회적 교환을 말한다. 물론 유학에서는 사지와 사공의 교환을 의무화한 것이 아니고, 각 개인이 아니라 국가가 사지에 대한 지불을 담당했으므로 붓다의 실험과는 차이가 있다고 말할 수 있다.

그러나 불교와 마찬가지로 유학 교육의 궁극적인 목표는 일상생활에 필요한 노동력의 양성이 아니라 도를 닦고 실천하는 자를 양성하는 것이었다. 그래서 공자는 농사짓는 법을 묻는 어리석은 제자 번지

樊遲를 나무랐고, 또 군자불기君子不器라고 하여 군자는 한 분야의 전문가가 되어서는 안 된다고 주장하기도 하였다.

사공노동은 현대 문명의 대부분의 일자리와 같이 남들에게 필요한 재화와 용역을 제공하는 노동이다. 반면 사지노동은 도를 추구하는 삶을 사는 사람들이 하는 노동(?)이다. 수행과 낙도로서의 노동으로 자신의 정체성을 삼을 수 있는 구체적인 방법은 무엇일까?

3. 수행과 낙도로서의 삶

 개항과 일제 식민지를 거쳐 서구 현대 문명이 강제적으로 이식 수용된 오늘날, 우리 사회의 노동은 전적으로 사공食功을 위주로 조직되어 있다. 현대 문명에 대한 대안적 삶의 실천을 위해 노력하는 사람들에게 작은 후원금을 내는 것이 그나마 오늘날 사지노동의 명맥이 끊기지 않고 남아 있도록 하는 작은 실천이 되고 있을 뿐이다.
 조선시대의 유학은 사공노동의 의무가 없어 무위도식無爲徒食하는(?) 유한계급의 공부였다. 따라서 계급적 관점에서 보자면 유가儒家의 담론은 철저하게 신분에 의존했고, 이기론理氣論, 심성론心性論 등의 형이상학은 당시의 불평등한 현실을 은폐하고 왜곡하는 데 기여했다. 그렇지만 이러한 유학사상에서 역사적·시대적 한계를 덜어내고 나면 그 본질적 이념은 탈현대 사회를 디자인하는 데 커다란 시사점을 준다. 특히 현대 문명에서 말하는 사공노동을 통한 자아실현ego realization이 아니라 사지노동을 통한 자기실현self realization의 구체적 방법을 제시하고 있다는 점에서 시사하는 바가 크다. 이를 구체적으로 살펴보자.

자아ego란 더 이상 나뉘지divide 않는in 분리 독립된 개체(individual)를 뜻한다. 현대 교육은 이런 자아의 정체성 확립과 확장을 목적으로 삼고 있다. 그리고 앞에서도 언급하였듯이 이런 자아의 확립과 확장의 가장 강력한 수단이 노동이다. 그러나 유학에서는 '나'를 분리 독립된 개체로 보지 않고 우주적인 존재로 이해한다. 장횡거는 『서명西銘』에서 이렇게 말했다.

> 하늘을 아버지라고 부르고 땅을 어머니라고 부른다. 나의 이 조그만 몸이 그 가운데 뒤섞여 있다. 그러므로 천지에 가득 찬 것이 나의 몸이요, 천지를 이끄는 것이 나의 본성이다. 세상 사람들은 나의 동포요, 모든 식물과 동물들은 나와 함께 사는 무리이다.[16]

정명도程明道 역시 "인자仁者는 천지만물을 한 몸으로 보므로 나에게 속하지 않은 것이 없다"[17]라고 하였다. 이처럼 유학은 인권人權보다는 자연권自然權을, 평등[同]보다는 조화[和]를 중요시한다[和而不同]. 또 생산력의 증대보다는 욕심을 줄이는 것[寡慾]을 목표로 삼고, 제도나 구조의 변화보다는 '나'의 변화를 근원적인 것으로 본다[反求諸己].[18]

유학의 관점에서 보면 현대 문명에서의 '개아個我로서의 나'는 극복해야 할 허상일 뿐이다. 우주적인 존재로서의 '나'를 융의 표현을 빌려 '자기self'라고 한다면, 유학은 자아ego를 극복하여 진정한 '나'

인 자기를 실현하는 것을 목표로 삼는다. 그리고 이러한 자기실현의 방법으로 수행을 제시한다. 따라서 수행은 현대 문명에서 자아를 실현하는 가장 강력한 수단인, 직업으로서의 노동을 대체할 수 있는 가장 현실적인 대안이라고 볼 수 있다.

유학 사상이 가진 본질적 이념은 지난 100여 년간의 현대 문명에 따른 각종 폐해, 즉 인간성 상실, 자연 파괴, 상호 경쟁의 일상화, 시간과 공간 사이에서 무의미한 존재라는 공허감 등을 해결할 수 있는 대안을 제시해준다. 물론 이러한 주장을 하는 것은 현시대가 인류가 몇 번 경험하지 못한 문명사적 전환 시기라는 믿음에 터해 있다. 즉 2~3세기 전에 발흥한 서구 현대 문명이 이제 한계에 봉착했고, 새로운 문명이 출현하는, 아니 해야만 하는 초입에 우리가 서 있다는 것이다. 이를 함석헌 선생은 "박혀버린 역사의 배를 서양이라는 죽음의 진탕에서 빼내려면, 죽은 듯이 서 있는 저 언덕의 동양바위를 한사코 박찰 필요가 있다"[19]고 하였다. 이제 우리는 동양사상에서 탈현대 사회의 청사진을 찾아내야 한다. 이제 더 이상 자유와 인권과 같은 현대 사회의 이념을 인류의 보편적인 이념으로 간주해서는 안 된다. 자유와 인권은 전근대 사회에서의 인신적 예속을 벗어나기 위해 분명히 필요한 이념이었지만 그것 자체를 목표라고 강요하는 것은 어불성설이다.

자유와 인권을 목표로 하는 것은 마치 노인들이 오직 건강을 위해 살아가는 것과 같다. '무엇을 위한 건강인가?'라는 질문과 같이 무엇을 위한 자유이고, 무엇을 위한 인권인가를 물어야 한다. 오늘날 자유와 민주, 인권과 같은 이념을 중심으로 사회운동을 하는 사람들은 '시대착오'적인 사람들일 뿐이다. 지금 우리가 필요로 하는 것은 마르크스의 공산주의를 대신할 만한 미래에 대한 구체적인 청사진이다.

일본의 경영 컨설턴트 간다 마사노리는 "99%의 인간은 현재를 보면서 미래가 어떻게 될지를 예측하고, 1%의 인간은 미래를 내다보면서 지금 현재 어떻게 행동해야 될지를 생각한다. 물론 후자에 속하는 1%의 인간만이 성공한다. 그리고 대부분의 인간은 1%의 인간을 이해하기 어렵다고 말한다"고 하였다. 노자老子 역시 많은 못난 사람들이 비웃지 않으면 진정한 도가 아니라고[不笑不足以爲道] 했다. 하지만 제대로 이해하지 못하여 그것을 비웃는 사람들을 무조건 무시할 수는 없다. 그러한 사람들을 최대한 줄이기 위해서라도 미래에 대한 청사진은 보다 분명하고 구체적이어야 한다.

인공지능으로 인해 소멸하게 될 노동은 주로 사공노동이다. 전통 사회의 사공노동은 물론 지불 노동이지만, 노동의 종말에 따라 점차 교환 영역에 속하지 않는 다양한 노동이 나타날 것으로 예측된다. 예컨대 텃밭을 가꾸는 것과 같은 자급자족 활동이나, 가사노동과 봉사활동과 같은 노동이 그것이다. 그렇다면 탈현대 사회의 노동은 어떤 모습일까?

홍승표는 탈현대 사회의 대표적인 노동으로 탁낫한 스님을 예로 들었다.[20]

씨앗을 심고 씨앗에서 새싹이 돋아나는 것을 보며 즐거워한다.

물을 주고 김을 매어준다. (중략) 씨앗이 싹을 틔우고 무럭무럭 자라고 열매를 맺고 죽어서 땅으로 돌아가는 모습을 보면서 나의 탄생과 성장의 신비를 느끼고 나이 들어감의 의미와 편안함을 느끼며, 쉼으로서의 죽음을 맞이할 수 있는 능력을 키운다. 이것이 수행과 낙도로서의 노동의 의미이다.

홍승표의 '수행과 낙도로서의 노동'은 이 글에서 주장하는 것과 같이 수행이 노동이라는 의미와는 전혀 다르다. 홍승표의 주장은 수행이 노동이 되는 것이 아니라 노동이 수행이 되어야 한다는 뜻이다. 그런 의미에서 홍승표는 탈현대 사회에서는 노동만이 아니라 모든 활동이 수행과 낙도가 되어야 한다고 주장한다. 즉 아침에 깨어나서 밤에 잠자리에 들 때까지의 모든 생활이 곧 수행과 낙도로서의 활동이 될 수 있고 또 되어야 한다는 것이다.

따라서 조선시대 선비들의 사지노동은 두 가지 점에서 홍승표가 제시한 수행과 낙도로서의 노동과 구별된다. 먼저 조선시대의 사공노동은 꼭 필요하고 중요한 노동이었지만, 결코 수행으로서의 노동이 되지는 못하였다. 앞에서 언급한 바 있지만 농사일을 묻는 번지를 나무라는 공자와 같이, 조선시대 선비들은 '노동을 수행으로 생각'한 것이 아니라 선비로서의 일, 즉 '수행을 노동으로 생각'하였던 것이다. 그래서 조선시대 선비들은 비록 농사를 짓는 경우가 있다고 하더라도 농사를 수행으로 생각하지는 않았다.[21] 또 한 가지는 사지노동의 경우라도 탁낫한 스님과 같이 수행과 낙도가 일치되지 못하고 두 가지 활동 사이에는 약간의 차이가 있었다. 즉 수행 그 자체가 낙도가 아니라 낙도를 수행의 결과이자 수행 중에 간간이 맛보는 여가 활동으로 간주했던 것이다.

물론 '수행이 과연 노동인가?' 하는 의문이 여전히 제기될 수도 있다. 즉 수행은 노동이 아니라 여가 활동이라고 할 수 있으며, 최대한 양보해서 일Work이라고는 할 수 있어도 노동Labour이라고는 말하기 어렵다는 주장이다. 이런 주장은 노동이 인류 역사상 어느 사회에서나 보편적일 것이라는 암묵적인 가정을 내포하고 있다. 그러나 노동의 개념은 보편적인 개념이 아니라 전현대 사회와 현대 사회에 한정된 개념이다.

최초의 인류에게는 노동이란 개념이 존재하지 않았다. 대부분의 동물이 그렇듯이 인간의 경우에도 노동과 노동이 아닌 것은 구별되지 않았던 것이다. 원숭이가 나무에서 열매를 채취하는 것은 노동이고 그것을 먹는 것은 여가인가? 아니면 최초의 인류가 짐승을 사냥하고 그것을 나누어 먹는 것은 노동이고, 먹고 나서 나무 그늘 밑에서 쉬는 것은 여가인가?

인류 최초의 노동은 노동 계급의 형성과 더불어 시작되었다. 집단 구성원 모두가 생산 활동, 즉 먹을 것을 구하는 활동에 종사해야만 생존할 수 있을 정도로 생산력이 지극히 낮은 사회에서는 노동과 노동이 아닌 것이라는 구별이 존재할 수 없었다. 생산력의 발전으로 노동을 하지 않고 다른 사람의 잉여 노동을 착취해서 먹고사는 집단이 형성되면서 비로소 노동이 발생했던 것이다. 즉 노동의 발생은 계급의 발생과 시기적으로 일치한다. 이렇게 발생한 노동은 전현대 사회에서는 집단 노동으로, 그리고 현대 사회에서는 개인 노동으로 전개되었다. 집단 노동이란 분리 독립된 개체로서의 개인이 나타나기 전에 자신이 속한 집단으로서 자아정체감을 가지는 시기의 노동이다. 고대 노예제 사회나 중세 봉건제 사회에서 자신의 출생과 더불어 노동의 형태가 정해지는 것이 바로 집단 노동이라고 할 수 있다. 이러한 집단 노동의 시대에서는 노동의 선택이 집단 내에 한정되고, 그러한 노동이 평생의 삶을 지배하였다.

그러나 현대 문명과 함께 노동은 여타 상품과 함께 팔고 사는 대상이 되었으며, 개인은 '자유롭게' 자신의 노동을 팔고 그 대가로 임금을 받아 삶을 영위하게 되었다. 이것이 바로 마르크스가 자본주의의 기준으로 설정한 '이중으로 자유로운 임금 노동의 출현'인 것이다. 노동의 종말이란 이러한 현대 문명의 개인 노동이 정보화의 진척과 함께 사라져가고 있음을 지적한 것이다. 이제 인류는 다시 한 번 최초의 인류와 같이 노동이 없는 사회로 진입하고 있다.

사지노동은 이런 노동이 없는 사회를 위한 수행 노동이다. 다시 말해서 사지노동은 근대적 노동과 탈현대의 무노동 사이에서 활용 가능한 과도기적 형태의 노동이라고 규정할 수 있다. 그렇다면 수행 노동은 구체적으로 어떻게 하는 것인지 조선시대 유학자들의 사례를 통해 살펴보자.

조선시대 유학자들의 수행은 곧 '경敬'의 실천을 의미하였다. 퇴계가 죽기 2년 전에 선조 임금에게 올린 『성학십도聖學十圖』는 퇴계 평생의 학문적 노력이 담겨 있는 책이다. 이 책에서 퇴계는 10개 그림을 한 글자로 표현하면 곧 '경'이라고 하였다. 이처럼 경은 조선 유학자들에게 성인이 되는 가장 중요한 수행으로 간주되었다. 그렇다면 경은 무엇이며 어떻게 실천하는 것일까?

퇴계는 『성학십도』의 「대학장大學章」에서 경敬을 주일무적主一無適, 정제엄숙整齊嚴肅, 상성성常惺惺, 기심수렴불용일물其心收斂不容一物의 네 가지로 설명하였다. 주일무적이란 마음을 전일하게 하여 다른 잡념이 들어오지 못하게 하는 수행이다. 따라서 이는 마음을 수렴하여 한 물건도 마음에 들어오지 않도록 하는 기심수렴불용일물과 동일한 수행이라고 할 수 있다. 정제엄숙은 몸가짐을 바르고 엄숙하게 하여 몸의 움직임 하나하나에 모두 자신의 마음이 실려 있도록 하는 수행을 말한다. 상성성은 이 모든 수행 방법을 포괄하는 것으로서 마음이 항상 깨어 있도록 하는 것이다.

이러한 경의 실천을 퇴계는 제9도인 「경재잠도敬齋箴圖」와 제10도인 「숙흥야매잠도夙興夜寐箴圖」에서 자세히 설명하고 있다. 「경재잠도」에서는 지두地頭, 즉 공간적 상황에 따른 경의 실천 방법을, 「숙흥야매잠도」에서는 시간적 상황에 따른 경의 실천을 설명하고 있다. 「경재잠도」는 일상생활에서 공간적으로 경敬하는 방법을 설명한 그림이다. 여기서 퇴계는 경이란 몸과 마음을 하나로 하는 방법[敬則心便一]이라고 하였다. 우리의 몸과 마음은 구별될 수 없다. 그래서 몸이라고 한다. 우리의 몸은 하나로 하기 어렵다. 잠시 사이에 두 가지 세 가지로 갈라진다. 몸을 하나로 하는 방법은 오직 한 가지이다. 바로 지켜보는 마음照心을 유지하는 것이 그것이다. 지켜보는 마음은 항상 지금, 여기에 있다. 내 마음이 어제에 있든 콩밭에 가 있든, 그리고 나의 몸이 무의식적으로 행위를 하더라도 지켜보는 마음은 항상 지금, 여기에 있다. 경이란 이런 지켜보는 마음을 끊임없이 작동시키는 것이다.

숙흥야매잠에서는 시간의 흐름에 따라 숙오夙寤, 신흥晨興, 독서讀書, 응사應事, 일건日乾, 석척夕惕, 겸숙야兼夙夜의 7조항으로 구분하여 항상 깨어 있는 방법을 설명하고 있다. 이렇게 하면 번잡한 일상에서 "이 마음을 거둬 환하기가 떠오르는 태양과 같게 하고 엄숙하게 정제하여 허명하고 정일하게" 할 수 있게 된다. 닭이 울 때 깨어나 생각이 점차 달리기 시작할 때 그 마음을 담연하게 정돈하는 것부터, 밤에 잠자리에 들 때 야기夜氣를 모으는 행위에 이르기까지 경을 놓치지 말아야 한다. 따라서 퇴계가 말하는 경은 모든 일상생활에서 자신의 몸과 행동과 마음의 움직임을 하나도 놓치지 않고 살펴보는 것이라고 할 수 있다.

일상생활의 모든 국면에서 자신의 행동과 생각과 느낌을 깨어서 지켜보는 것은 지난至難한 일이다. 그것이 정제엄숙整齊嚴肅이 되었든, 주일무적主一無適이 되었든, 상성성常惺惺이든 간에 일상에서의 깨어 있음은 고도의 집중력을 요하기 때문이다. 그래서 퇴계는 『성학십도』의 제8도인 「심학도心學圖」에 대한 설명에서 아성亞聖으로 불리는 안회도 세 달에 한 번은 마음이 흩어졌음을 지적한다.[22] 따라서 이러한 수행을 위해서는 잠깐씩이라도 몸과 마음을 이완하는 시간이 필요하게 된다. 이를 우유함영優游涵泳이라고 한다. 우유함영은 퇴계의 서원 공부에서 독서와 궁리로 집중된 마음을 이완하기 위해 고안된 공부 방법이다. 즉 동재와 서재에서 경전 공부를 하면서 이루어진 팽팽한 긴장을 이완하기 위해서 자연을 이리저리 소일하면서 문득 깨닫는 공부 방법으로서 우유함영을 제안했던 것이다. 성현의 가르침은 집중해서 경전을 읽는다고 저절로 깨우쳐지는 것이 아니다. 오히려 긴장을 풀고 몸과 마음을 충분히 이완한 상태에서 문득 성현의 말씀이 체득되는 경우도 있다. 서원에 반드시 사우와 함께 정자를 설치하는 이유는 바로 이러한 우유함영의 공부 방법을 위해서였다.

우유함영과 같이 수행을 통해 긴장된 몸과 마음을 이완하는 공부를 낙도樂道라고 한다. 조선시대 선비들은 깨어 있는 일상으로서의 수행 노동 중 틈틈이 자연 속을 소일하며 도를 즐기는 것으로 여가로 삼았다.

> 아름다운 풀로 봄 산에 푸르름 가득한데
> 옥 같은 시냇물 사랑스러워 늦도록 앉아 있노라.
> 한세상 살아가노라면 세상 얽매임 없을 수 없기에
> 물과 구름을 다시 물과 구름에 돌려보낸다.[23]

낙도가 도를 즐기는 것이라고 할 때 도는 무엇이고 즐긴다는 것은 어떻게 하는 것일까? 『논어』에는 즐김[樂]을 두 가지 형태로 구별하여 말한다. 먼저 하나는 공자의 수제자인 안회가 곤궁한 생활 속에서도 고치지 않았던 즐김이다. 즉 『옹야장雍也章』에서 공자는 "어질다, 안회여. 한 그릇의 밥과 한 표주박의 물[一簞食 一瓢飮]로 누추한 시골에 있는 것을, 딴 사람들은 그 근심을 견디어내지 못하는데, 안회는 그 즐김을 변치 않으니, 어질다, 안회여"라고 하였다. 여기서 물론 안회가 누추하고 가난한 생활 그 자체를 즐겼다는 의미는 아니다. 그렇다면 안회는 무엇을 즐긴 것일까? 주돈이周惇頤는 제자인 이정二程에게 '공자와 안회가 즐겼던 것[孔顏樂處]'을 찾도록 가르쳤는데, 이후 많은 유학자들이 이 즐김을 찾기 위해 노력하였다.

또 한 가지의 즐김은 『선진장先進章』에서 증점曾點이 대답한 "늦봄에 어른 5, 6명과 동자 6, 7명과 함께 기수沂水에서 목욕하고, 무우無雩에서 바람 쐬고 노래하며 돌아오는", 즐김이다. 안회의 즐김과 증점의 즐김은 어떻게 다를까? 안회의 즐김은 '자기를 이겨 예로 돌아가서 인이 되는[克己復禮爲仁]' 즐김이다. 일상생활 속에서 분리 독립된 '나'라는 생각을 극복하고 천지자연의 질서와 하나가 되는 즐김이다. '인이 된다[爲仁]'는 것은 물론 내 밖에 있는 그 어떤 것을 내면화하는 것은 아니다. 인이 된다는 것은 진정한 나의 본성인 사랑[仁]을 실현하는 것이다. 이러한 나의 본성으로서의 인을 실현할 때 생활의 곤궁함조차 편안하게 여길 수 있다는 것이다.

반면 증점의 즐김은 내 밖에 있는 외적 본성, 즉 자연을 즐기는 것이다. 아름다운 산과 강과 들판과 계곡과 구름과 계절을 즐기는 것이 증점의 즐김이다. 이 두 가지 즐김에 대한 평가를 통해 후대의 유학자들은 두 가지 계열로 구분된다. 두 가지 즐김 모두 중요시하는 계열과 안회의 즐김은 높이 평가하지만, 증점의 즐김은 폄하하는 계열이 그것이다. 전자의 계열에 속하는 유학자는 주돈이, 소옹, 명도明道, 양명陽明 등이고 후자의 계열에 속하는 사람은 이천伊川, 주자朱子 등이다. 주돈이의 광풍제월光風霽月, 소옹의 소요안락逍遙安樂, 정호의 음풍농월吟風弄月은 전자의 계열에 속하는 주장들이다. 반면 주자는 『논어집주論語集註』에서는 증점의 즐김을 "가슴속이 느긋하여 곧장 천지만물과 아래위로 함께 흐르는 것[胸次悠然 直如天地萬物上下同流]"이라고 비교적 긍정적으로 평가했지만, 다른 곳에서는 "안회의 즐김은 평담平淡하고 증점의 즐김은 힘들고 번잡하다[勞擾]"고 하였다.[24] 주자가 이처럼 증점의 즐김을 부정적으로 보는 것은[25] 그것이 성인의 우환의식과 양립하기 어렵다고 보았기 때문이다. 그러나 성인의 우환의식은 '사람들이 고통에서 벗어나기를 바라는 마음'이기 때문에 근원적으로 사랑으로서의 인仁과 다르지 않다. 주자는 아마 이 점에 대한 이해가 부족했다고 생각된다.

결론적으로 인이라고 하는 것이 나의 본성이고 그 본성 역시 자연의 하나라면 안회의 즐김은 내적 본성인 인仁을 즐기는 것이고, 증점의 즐김은 외적 본성인 자연을 즐기는 것으로 정리할 수 있다.

1990년 나는 숙명여대 대학원생들과 화천에 있는 화음동華陰洞 계곡에 답사를 다녀온 적이 있다. 늦가을인지 초봄인지 기억이 가물가물하지만 인문석人文石에 새겨진 글자와 도상은 희미하였고, 삼일정三一亭을 잇는 한래왕교開來往橋는 흔적도 찾기 어려웠다. 답사의 계기는 유준영의 「조형예술과 성리학」[26]을 읽고 그곳에서 유학자들이 어떻게 자연과 하나 되는 삶을 살았는지 실제로 확인하기 위해서였다.

그러나 화음동 계곡은 이름 그대로 음산하기 그지없었다.

화음동 계곡은 조선 후기 김수증1624~1701에 의해 조성된 수행 공간으로 철저하게 자연과 하나가 되는 삶을 살기 위해 조성되었다. 이를 처음 소개한 유준영에 의하면 한래왕교는 음양소식陰陽消息의 원리에 의거해 만들어졌으며, 이는 소강절邵康節의 「관물음觀物吟」이라는 시에 연원한다고 한다. 즉 소옹은 이 시에서 "건괘乾卦와 손괘巽卦가 만나는 때에 월굴月窟을 보고 곤괘坤卦와 진괘震卦가 만나는 곳에서 천근天根을 본다. 이렇게 천근과 월굴 사이를 무심히 오가니 바로 유행하는 자연의 이치가 아닌가?"27라고 하였다. 여기서 건괘와 손괘가 만나는 곳이란 구 괘를 말하고 곤괘와 진괘가 만나는 순간은 복復괘를 말한다. 「선천도先天圖」에서 복괘에서 건괘까지가 양이고, 구괘에서 곤괘까지가 음이므로 이것이 음양소식의 원리이고, 한래왕교는 이를 공간적으로 상징한 다리라는 것이다.

우주적 존재로서의 '나'의 실현은 곧 자연과 하나 되는 삶을 실현하는 것이다. 소옹邵雍은 「관물내외편觀物內外篇」에서 '나의 입장에서 사물을 보느냐[以我觀物], 사물의 입장에서 사물을 보느냐[以物觀物]'로 나누어, 사물의 입장에서 사물을 볼 수 있어야 유무합일有無合一의 경지에 도달할 수 있다고 하였다.28 왕국유王國維는 "이슬 맺힌 눈으로 꽃을 향해 묻지만 꽃은 대답하지 않고, 흩날리는 붉은 꽃잎 그네를 스치며 떨어지네[淚眼問花花不語 亂紅飛過 鞦去]"는 나의 입장에서 사물을 보는 것이고, "동쪽 울타리 아래에서 국화를 꺾다가 유연히 남산을 바라본다[采菊東籬下 悠然見南山]"는 사물의 입장에서 사물을 보는 것이라고 하였다.²⁹ 이러한 유무합일의 경지는 곧 경敬이라는 수행의 최종 목표이고 도달처인 것이다.

경敬이란 사물의 본질이 왜곡되지 않고 환하게 읽힐 수 있도록 일체의 편견이나 선입관이 배제된 마음의 상태이다. 자연을 자연 그 자체로 이해하기 위해서는 경을 통해 고착된 자아를 벗어버릴 때 가능하다. 이때 비로소 대상과 나는 하나가 된다. 나의 주관적인 판단 행위가 정지될 때 대상은 그 본질을 드러낸다. 이때 경은 동정을 초월하고 내외를 아우르게 된다.³⁰

우리는 경의 수행을 통해 '나'를 극복할 수 있다. 그리고 극복된 나를 통해 비로소 자연의 아름다움을 즐길 수 있게 된다. 김수증은 한래왕교를 오가며 소강절이 말하는 유무합일의 경지를 체득하였을까?

4. 청년 수행자 백만 명 양성

유학의 사지노동은 분리 독립된 개인을 넘어 하늘과 땅에 가득 차 있는 것이 나의 몸이며[天地之塞吾其體], 하늘과 땅을 통솔하는 것이 나의 본성임[天地之帥吾其性]을 입증하기 위한 것이었다. 물론 이러한 입증은 반드시 이성보다 높은 인간의 능력을 필요로 함이 틀림없다. 물론 우리는 이성을 활용해서 우주적 나를 발견할 수도 있다. 나의 몸과 나의 생각, 나의 경험의 총체 이전에 그러한 나를 있게 한 근원적인 나를 추론할 수도 있을 것이기 때문이다. 그렇지만 이러한 앎은, 이러한 지식은 단지 내가 나의 존재가 그 근원적인 내가 되는 것과는 다르다. 불교에서 앎의 단계를 신信-해解-행行-증證이라고 하듯이 그러한 앎은 나의 행동으로 그리고 그러한 행동을 통한 증명으로 확인되어야 한다. 나의 삶이, 나의 존재가 그러한 진리의 증거가 되어야 비로소 '나는 우주적 자아이다'라고 말할 수 있는 것이다. 조선시대의 선비들은 그러한 목표를 가지고 삶을 살았던 것이다.

그렇다면 오늘날 어떤 노동이 사지노동에 해당될까? 아마 일부 불교나 가톨릭 성직자들이 담당하는 노동이 사지노동에 해당된다고 할 수 있을지도 모른다. 어쨌거나 그들은 신도들이 제공하는 밥에 의해 살아가기 때문이다. 신도들은 왜 그들에게 밥을 제공하는 것일까? 몇 년 전 개봉된 〈위대한 침묵〉이라는 영화에 나오는 수도사들은 세상과 격리되어 오로지 그들만의 삶을 살아간다. 세속에서 신도들의 삶을 계몽하고 이끄는 신부들과 달리 그들은 오로지 자신의 영성靈性을 위해 살아간다. 그럼에도 왜 신도들은 그들에게 밥을 제공하는가? 우리나라의 승려들도 마찬가지이다. 우리나라의 풍광이 좋은 곳에 위치한 수많은 선원에서는 신도들의 밥을 얻어먹으며 오직 자신의 깨달음을 위해 참선에 몰두하는 승려들이 많이 있다. 왜 신도들은 그들에게 밥을 제공하는가?

현대 문명 속에서 대부분의 사람들은 분리 독립된 자아의 자기확대투쟁을 위해 하루하루 살아가지만 그러한 삶이 본질적인 것이 아님을 눈치채고 있는 것은 아닐까? 분리 독립된 자아의 자기확대투쟁이 결국 충족될 수 없는 목마름임을 어렴풋이 느끼고 있는 것은 아닐까? 그래서 아직도 그러한 본질적인 삶을 추구하는 사람들이 존재한다는 것을 다행으로 여기며, 그들에게 밥을 제공하는 것은 아닐까? 본질적인 삶을 살아갈 용기가 없는 사람들도 가끔은 수행과 낙도를 배우기 위해 오히려 돈을 내는 경우가 있다. 사찰에서 운영하는 단기 출가나 성당에서 제공하는 피정의 경우가 대표적인 사례이다.

그러나 이러한 경우를 제외한다면 현대 문명의 기준에서 볼 때 조선시대의 사지노동은 오늘날의 어떤 노동의 범주에도 포함되기가 매우 어렵다. 더구나 경명행수經明行修하여 국민의 사범師範이 될 만한 인물을 국가가 별도로 양성, 보급하는 것은 현대 문명이 추구하는 평등의 원리에도 맞지 않을 것이다. 그러나 탈현대 사회의 설계와 관련해 조선시대의 사지노동은 여전히 시사하는 바가 적지 않다. 먼저 탈현대 사회에서도 여전히 남아 있는 노동이 수행과 낙도로서의 활동이 되어야 한다면, 어떤 방식으로 노동을 수행해야 수행과 낙도가 될 수 있는지 사지노동이 잘 보여주고 있다. 즉 노동을 할 때 깨어 있는 활동이 되어야 수행으로서의 노동이 될 수 있고, 또 자신의 내적 자연인 본성을 즐기는 것이 되어야 낙도로서의 여가가 될 수 있다.

따라서 지금 이 시점에 중요한 것은 노동을 대신해서 진정으로 자기를 실현할 수 있는 대안을 제시하는 것이다. 즉 노동이 아니라 수행과 낙도를 통해 진정한 자기를 실현할 수 있음을 보여주어야 할 때라는 말이다. 물론 이것은 탈현대 사회의 전체적인 청사진의 실현과 맞물려 있다. 탈현대 사회 실현의 중심에 있는 것이 교육이다. 현대 문명의 실현은 제도적 구조적 장치를 통해 이루어졌지만, 탈현대의 실현은 감동을 통한 인간의 변화로 실현되기 때문이다. 『중용中庸』에서는 "성실하면 드러나고 드러나면 더욱 드러나고 더욱 드러나면 밝아지고 밝아지면 감동시키고 감동시키면 변하고 변하면 화할 수 있다"[31]라고 하였다. 즉 궁극적인 변화는 나의 변화에서 시작되어 다른 사람에 대한 감동으로 확대된다는 것이다. 이러한 교육은 초등학교에서부터 시작되어야 한다. 그리고 이런 교육을 담당할 교사를 양성하는 것이 무엇보다 시급하다.

　청년 실업 문제 해결과 탈현대 실현을 위한 교사 양성과 관련해 한 가지 제안을 하고 싶다. 그것은 조선시대의 사지노동과 같이 수행과 낙도를 위한 프로그램에 참여하는 사람들을 국가나 사회가 적극 지원해주는 것이다. 예컨대 청년 실업자들이 단기 출가와 같은 수행 프로그램에 참여하는 것을 국가나 사회가 지원하는 것이다. 그리고 이러한 프로그램을 통해 수행과 낙도로서의 자기실현을 이룬 사람들을 교사로서 활용하는 것이다. 이것이 노동의 종말에 대응하는 가장 구체적이고 현실적인 대안이다. '일자리 백만 개 창출'을 위해 무의미하게 사용하는 예산을 '청년 수행자 백만 명 양성'을 위해 사용한다면, 우리가 지향하는 탈현대 사회는 멀지 않을 것이다.

1. 「'4차 산업혁명'에 미래 달렸다. 로봇이 일자리 대체… "한국도 직업 50% 사라질 가능성"」, 『문화일보』, 2016년 10월 11일.
2. 위의 글.
3. 구본권, 『로봇시대, 인간의 일』, 에크로스, 2016, 151쪽.
4. 위의 책, 142쪽.
5. 위의 책, 126쪽.
6. 위의 책, 146쪽.
7. 「무인매장·무인공장·무인운전… 노동자가 사라진다」, 『한겨레』, 2017년 1월 3일.
8. 위의 글.
9. 위의 글.
10. 구본권, 앞의 책, 152쪽.
11. 제레미 리프킨, 『제3차 산업혁명』, 민음사, 2012, 374쪽.
12. 彭更問曰 後車數十乘 從者數百人 以傳食於諸侯 不以泰乎 孟子曰 非其道 則一簞食 不可受於人 如其道 則舜受堯之天下 不以爲泰 子以爲泰乎 曰 否 士無事而食이 不可也(중략) 子如通之 則梓匠輪輿皆得食於子 於此有人焉 入則孝 出則悌 守先王之道 以待後之學者 而不得食於子 子何尊梓匠輪輿而輕爲仁義者哉 曰 匠輪輿 其志將以求食也 君子之爲道也 其志亦將以求食與 曰 子何以其志爲哉 其有功於子 可食而食之矢 且子 食志乎 食功乎. 「騰文公章句 下」.
13. 孟子曰 矢人 豈不仁於函人哉 矢人 惟恐不傷人 函人 惟恐傷人 巫匠亦然 故 術不可不愼也. 「公孫丑章句 上」.
14. 故曰 或勞心 或勞力 勞心者 治人 勞力者 治於人 治於人者 食人 治人者 食於人 天下之通義也. 「騰文公章句 下」.
15. 유승무, 「'좋은 노동'을 위한 발상의 전환」, 동양사회사상학회 2009 기획학술대회 발표논문집, 19쪽.
16. 乾稱父坤稱母 予玆貌焉 乃混然中處 故天地之塞 吾其體 天地之帥 吾其性 民吾同胞 物吾與也.
17. 仁者以天地萬物爲一體 莫非己也.
18. 자세한 설명은 정재걸, 「논어와 탈근대교육의 설계」, 『동양사회사상』 제14집, 2006을 참조.
19. 김진편, 『너 자신을 혁명하라』, 오늘의 책, 2003, 136쪽.
20. 홍승표, 「통일체적 세계관과 인간적 노동의 구현」, 동양사회사상학회 2009 기획학술대회 발표 논문집, 60쪽.
21. 불교에서는 울력이라고 하여 노동 자체를 수행이라고 본다. 이 점이 유학과 불교의 차이점이라고 할 수 있다.

22. 臣竊以爲求放心 淺言之則固爲第一下手著脚處 就其深而極言之 瞬息之頃 一念少差亦是放 顔子猶不能無違於三月之後 只不能無違 斯涉於放.
23. 『남명집』 권1, 칠언절구, 「讀書神凝寺」 瑤草春山綠滿圍 爲憐溪玉坐來遲 生世不能無世累 水雲還付水雲歸.
24. 顔子之樂平淡 曾點之樂勞攘, 진래, 『양명철학』, 전병욱 옮김, 예문서원, 2003, 35쪽.
25. 주자의 증점에 대한 비판은 여러 곳에서 나타난다. "증점의 성격은 장자와 비슷하다"(『어류』 권40, 1027쪽), "증점에게는 노장의 성격이 있는 것 같다"(『어류』 권40, 1028쪽), "내 평소에 사람들이 이 말(증점을 인정한다는 말) 하는 것을 좋아하지 않았다"(『어류』 권117, 2820쪽) 등이 그것이다.
26. 『한국미술사 논문집』, 1984.
27. 乾遇巽時觀月窟 地逢雷處看天根 天根月窟閒來往, 「觀物吟二首」 其一, 위의 논문.
28. 전병욱 옮김, 앞의 책, 411쪽.
29. 王國維, 『人間詞話』, 전병욱 옮김, 위의 책 25쪽에서 재인용. 이 책에서는 앞의 시에서 추천을 秋千이라고 하고 있는데, 誤記라고 판단되어 韆으로 수정하였다.
30. 정순우, 앞의 책, 200쪽.
31. 誠則形 形則著 著則明 明則動 動則變 變則化.

7

인공지능 시대, 학교는 무엇을 가르쳐야 하는가?

이승연

1. 위기의 학교

일자리가 사라진다! 『유엔 보고서 2050』은 2030년이 되면 현존하는 직업 가운데 약 20억 개가 소멸하고, 15년 이내에 현존 일자리의 80%가 사라질 것이라 예측했다. 특목고와 명문대 진학에 목을 매는 중·고등학교, 취업률을 높이는 데 사활을 건 대학교. 이 모든 것의 배후에는 내 아이에게 그 얼마 남지 않은 양질의 일자리를 주고 싶어 하는 부모의 열망이 있다.

학교는 이들의 열망에 부응할 수 있는가? 만약 이 열망에 부응할 수 없다면 학교는 위기인가?

(1) 학교의 위기

여기 학교의 위기를 말하는 또 한 사람이 있다. 바로 조선시대를 대표하는 사상가이자 개혁가인 율곡 이이이다.

하늘이 만백성을 낳으니 사물이 있으면 법칙이 있다. 하늘이 품부한 덕은 누구나 다 받았지만 사도가 끊어지고 교화가 밝지 못하니 진작시킬 수가 없다. 그래서 선비의 풍속이 경박해지고 양심이 마비되어 부박한 공명만 숭상하고 실천에 힘쓰지 않아서 위로는 조정에 인재가 부족하고 아래로는 풍속이 피폐하여 윤리의 기강이 무너지고 있다.¹

조선시대의 학교, 아니 동아시아 전 시대를 걸쳐 학교는 늘 위기였다. 어떤 사회든 갈등과 불안, 그리고 그로 인한 위기가 존재하는 한, 그 위기를 책임져야 하는 학교 또한 위기일 수밖에 없었다. 다만 차이가 있다면 그들은 그 위기를 일자리 때문이라 생각하지는 않았다. 학교가 제 소임을 다하지 못해 '선비들이 헛된 공명만을 숭상하며, 실천에 힘쓰지 않는 것'이 문제였고, 그 때문에 '위로는 나라를 이끌어갈 인재가 없고, 아래로는 불의가 판을 치는 세상이 되는 것', 그것이 그들에게는 위기였다.

『유엔 보고서 2050』은 이어서 현존 일자리가 사라지는 대신에 새로운 일자리가 생겨날 것이라 전망했다. 이 전망에 따르면 2011년에 초등학교에 입학한 학생 중 65%는 아직 생기지도 않은 직업에 종사하게 된다. 이것은 위기 중 기회일까? 학교는 새롭게 생겨날 일자리를 말하며 학부모를 달래고, 이 새로운 직업에 대비하려면 창의성과 상상력을 길러야 한다고 역설했다.

일자리를 확보하기 위한 창의성과 상상력이라니, 어쩐지 이상한 조합이 아닌가?

군자는 그릇이 되어서는 안 된다.²

『논어』, 「위정편」의 한 구절이다. 유학은 인재를 평하는 데 창의성과 상상력을 말하지는 않았다. 그러나 그들이 생각한 인재 역시 잡다한 지식에 얽매이거나 사회가 정한 고정된 틀에 속박되는 인물은 아니었다. 시대를 넘어서 시대를 이끌어 갈 수 없는 자가 어떻게 불의와 싸우고 세상의 기강을 바로 세울 수 있겠는가? 공자는 그렇기 때문에 군자는 정형된 틀을 지닌 그릇이 되어서는 안 된다고 한 것이다.

저명한 미래학자, 제레미 리프킨은 『한계비용 제로 사회』에서 자본주의의 종식과 더불어 협력적 공유사회의 도래를 역설했다. 그에 따르면 과학기술의 혁신적인 발달은 한계비용을 제로에 근접시키고 결국 자본주의는 붕괴하게 된다. 당연히 이 공유사회에서는 소비재와 서비스가 무상으로 제공되고, 소유자와 노동자, 판매자와 소비자라는 구분이 사라지며, 인간은 더 이상 직업인으로 살아갈 필요가 없다. 직업교육을 담당하는 전통적인 교육 시스템은 와해되며, 비싼 등록금으로 유지되는 대학 또한 그 의미를 잃게 되고, 사람들은 온라인 무료 강좌를 통해 자신에게 필요한 지식을 습득하게 된다. 이른바 '배움'은 존재하지만 '학교'는 존재하지 않는 시대가 도래하는 것이다.

리프킨의 주장처럼 일자리가 없는 사회, 아니 일자리 자체가 무의미한 사회가 온다면 학교는 무엇을 해야 하는가? 또 학교 자체가 사라지는 시대가 온다면 그것은 학교의 위기인가? 과도한 교육비와 학벌주의로 신음하는 우리나라의 경우, 기존 교육 시스템의 붕괴는 위기가 아니라 축복이 아닌가? 학교가 사라진다 해도 우리 모두가 이 고질적인 상황에서 벗어날 수 있다면 오히려 문제는 해결되는 것이 아닌가? 그렇다면 학교는 무엇이 위기인가?

문제는 리프킨이 지나치게 낙관적이라는 점이다. 과연 우리는 가까운 미래에 온라인 무료 강의를 통해 삶에서 익혀야 할 지혜를 습득하고, 노동이 아니라 여가를 향유하는 놀이꾼으로서의 삶을 살아갈 수 있을까? 무엇보다 그가 낙관했던 것처럼, 한계비용 제로 사회가 되기만 하면 우리 사회는 곧바로 공유사회로 이행할 수 있을까? 어쩌면 우리 앞에 이처럼 낙관적인 미래가 가로놓여 있다는 것, 그처럼 거대한 혁신과 변화가 다가오고 있다는 것, 그것이 학교의 고민이며 위기인지도 모른다.

(2) 필연인가? 선택인가?

사물인터넷과 3D프린터, 그리고 인공지능 로봇, 지금까지 인류가 경험하지 못한 새로운 기술문명의 시대가 다가오고 있다! 이 기술문명은 인간에게 재앙일까, 축복일까? 리프킨과 달리 기술문명을 그다지 환영하지 않았던 『사피엔스』의 저자, 유발 하라리는 변방의 사피엔스가 지구를 장악하게 된 것을 그저 우연으로 치부하며, 이 과학 기술이 마침내 사피엔스의 종말을 가져올 것이라 예언했다. 물론 이때 종말은 단순히 멸종을 말하는 것은 아니다. 생명공학, 사이보그 공학, 비유기물 공학의 엄청난 발달은 사피엔스의 신체적 영역뿐 아니라 정서적·의식적 측면마저 통제하고 관리하게 될 것이며, 이 과학기술의 통제와 조작으로 만들어진 사피엔스는 이미 사피엔스가 아니라는 것이다.

유전자 조작으로 태어난 '슈퍼 베이비', 신체의 일부가 기계화된 사이보그 인간, 컴퓨터로 이식된 뇌를 통해 영원히 살아갈 인간, 그런 인간들로 가득 찬 지구를 그리며, 하라리는 그것이 행복이겠느냐고 반문한다.

리프킨과 하라리, 그리고 『유엔 보고서 2050』은 관점과 전망의 차이에도 불구하고 한 가지 공통된 견해를 고수한다. 기술의 발달은 이제 인간이 개입할 수 있는 영역이 아니라는 것, 우리가 원하든 원하지 않든 기술의 발달 속도를 늦출 수 없다는 것, 그러나 다른 한편으로 이 기술의 발달을 바탕으로 우리가 어떤 사회를 만들 것인지는 우리 자신의 선택이라는 것이다.

중요한 것은 여전히 우리에게 '선택'의 기회가 남아 있다는 게 아닐까? 『유엔 보고서 2050』은 경제적 풍요를 구가하게 될 2050년에는 취업의 필요성이 사라지고, 생계를 위한 일자리 대신에 사람들의 존경과 사랑을 목표로 하는 새로운 '일자리'가 등장할 것이라고 했다. 그러나 존경과 사랑이 사람들의 목표가 되려면 먼저 물질적 탐욕에서 벗어나야 하지 않을까? 리프킨의 공유사회 또한 그 바탕에 있는 것은 인간에 대한 신뢰이다. 차고 넘치는 부富를 더 이상 소수가 독점하려 하지 않는 것, 더 이상 독점할 필요가 없다는 것을 자각하고 모든 사람에게 무상으로 제공하는 것, 그것이 선행되지 않으면 풍요롭고 행복한 공유사회는 도래할 수 없다.

다른 한편으로 『유엔 보고서 2050』은 예측 불가능한 미래를 말한다. 인공지능과 인간의 지능이 같아지는 2045년 이후, 즉 인공지능 시대는 그 예측이 불가능하다는 것이다. 우리의 불확실한 미래에 인공지능이라고 하는 또 하나의 변수가 등장한 것이다.

유발 하라리는 『사피엔스』 19장 '그리고 그들은 행복하게 살았다'에서 올더스 헉슬리의 『멋진 신세계』를 이야기한다. 사람들의 생화학 시스템을 조작함으로써 모든 사람들에게 행복을 선사한 멋진 신세계, 하라리는 '그 사람들이 느끼는 행복을 행복이라 할 수 있을까'라고 반문한다. 그러나 인공지능 시대를 목도한 사람들은 하라리의 물음에 '아직은' 행복하다고 말할지도 모른다. 인공지능이 인간의 지능을 뛰어넘을 것임이 거의 확실시된 지금, 사람들은 그 멋진 신세계를 조작하는 인공지능의 존재를 상상하지 않을 수 없기 때문이다.

그렇다 하더라도 우리는 더 이상 이 혁신적인 기술의 발달에 저항할 수 없다. 그것은 불가능하다. 무엇보다 2020년부터 본격화될 4차 산업혁명에 편승하지 못한다면, 기술 발달 이후의 시대를 전망하고 우려하는 것은 완전한 기우가 될 것이기 때문이다. 여전히 지구의 많은 사람들이 '근대'의 혜택조차 받고 있지 못한 것처럼, 이 시대의 흐름에 편승하지 못하면 우리는 과학기술의 혜택을 받지 못하는 낙오자로 전락할 것이다. 그러므로 『제4차 산업혁명』의 저자 클라우스 슈밥의 주장처럼, 우리는 지능화 기계와 협력하며 앞으로 살아갈 미래사회를 일구어나갈 수밖에 없다.

문제는 이 상상을 초월하는 혁신적 기술이 공공의 이익을 위해 사용될 것인지, 아니면 특정 집단의 이익을 위해 사용될 것인지에 있다. 만약 이 기술이 특정 집단에게 독점되고 그들의 이익을 위해 사용된다면, 미래사회는 절대 다수가 실업과 빈곤에 시달리는 대혼란의 시대가 될 것이다. 그러므로 우리가 두려워해야 할 것은 과학기술과 과학기술이 만들어낸 인공지능이 아니다. 정말 두려운 것은 이 선택의 기로에서 지옥을 선택할지도 모르는 우리 자신이다.

전대미문의 불확실성의 시대, 그래서 학교가 위기인 것이다. 이 엄청난 선택이 눈앞에 있기 때문에 학교는 위기이며, 그럼에도 불구하고 이 위기를 직시하지 못한 채 일자리 확보에 급급하기 때문에 위기인 것이다. 학교는 도대체 어디로 가야만 하는가? 리프킨과 슈밥, 그리고 그 외 미래 예측 기관이 말하는 협력, 협업, 소통, 공유 등 미래 인간이 살아남기 위해 반드시 가져야 할 이 덕목을 우리는 과연 어떤 방식으로 습득해야 할까? 역시 학교가, 설령 미래사회에서 사라질 운명이라 하더라도 학교가 그것을 밝히고 전하는 역할을 할 수밖에 없지 않을까?

율곡은 학교의 위기를 논하는 곳에서 하늘의 법칙을 말하고, 하늘로부터 부여받은 인간의 덕성을 말했다. '위로는 인재가 없고 아래로는 불의가 판을 치는 세상', 그 세상을 바로잡기 위해서는, 또 그 세상을 바로잡을 교육을 말하기 위해서는 먼저 인간 각자에 대한 믿음이 필요하지 않을까? 리프킨이 신뢰했듯이, 아니 리프킨보다 한층 더 강한 믿음을 가지고 율곡은 교육의 가능성을 말하고 있는 것이다. 그리고 그것이 유학의 이념이기도 했다.

유학은 인간 내면의 덕을 신뢰하며 그 덕이 실현되는 사회를 꿈꾸었다. 풍요로운 공유사회, 그것을 만드는 것은 과학기술이겠지만, 그것을 실현시킬 수 있는 것은 우리 내면의 힘, 내면의 덕이다. 이것이 인공지능 시대 학교의 역할을 탐색하는 자리에서 유학의 교육 이념을 되돌아보는 이유이다.

2. 지금 학교는 무엇을 가르치고 있는가?

학생 몇 명이 엎드려 자고 있고, 학생 몇 명은 엎드리지는 않았지만 졸고 있다. 우리나라의 아주 흔한 학교 풍경이다. 자거나 조는 학생 가운데는 학원이나 과외로 수면 부족에 시달리는 경우도 있다. 그러나 대부분은 게임을 했거나 그도 아니면 그냥 수업이 싫어서 거부하는 것이다. 조는 학생을 깨우기 위해 학교 현장에서는 활동 중심이나 체험 중심 수업을 도입해보지만, 이미 학습에 흥미를 잃어버린 학생을 유인하기란 쉽지 않다.

아이들은 왜 학교 수업에 흥미를 잃어버렸을까? 수업 내용이 너무 어려워서 도저히 따라갈 수 없기 때문일까? 아니면 수업이 너무 지루하게 진행되기 때문일까? 아마 그 전부가 원인이겠지만 역시 더 중요한 것은 이 수업에서 자신의 미래를, 미래로 가는 길을 발견하지 못했기 때문이 아닐까?

(1) 즐겁지도, 절실하지도 않은 것

다음은 『논어』 제1편인 「학이편」의 첫 장, 첫 구절이다.

배우고 때로 익히니 기쁘지 아니한가? 벗이 있어 멀리서 찾아오니 또한 즐겁지 아니한가? 남이 나를 알아주지 않아도 화내지 않으니 또한 군자가 아닌가?

『논어』는 이처럼 공부하는 기쁨과 즐거움을 예찬하는 것으로 시작된다. 모르는 것을 아는 것이 기쁘고, 친구와 노는 것이 즐거우며, 기쁘고 즐거우니 누가 나를 인정해주지 않아도 화가 나지 않는다. 우리 모두가 바라는 바람직한 학교의 모습이 아닌가?

그렇다면 지금 우리 아이들은 어떠한가? 지난 2015년 49개국 초등학생과 중학생 약 27만 명을 대상으로 실시한 '2015년 수학·과학 성취도 추이 변화 국제 비교 연구TIMSS'에서 우리 아이들은 예년과 마찬가지로 2, 3, 4위를 차지하는 높은 성취수준을 보였지만, 2014년에 이어 흥미도와 자신감에서는 여전히 초등학생, 중학생 모두 최하위였다. 오직 남에게 인정받기 위한 공부, 더 높은 성적을 위한 공부, 그런 공부를 강요받은 아이들은 배우지만 배우는 이유를 모르고, 그저 남이 나를 알아주지 않는 것에 분노할 뿐이다. 공부하는 즐거움을 최고의 즐거움으로 여겼던 유교적 전통을 지닌 나라로서는 아이러니한 일이 아닐 수 없다.

물론 그렇다고 해서 조선시대 사람들이 다 공부를 즐거워했다는 것은 아니다. 아니, 지금의 우리와 마찬가지로 즐거워해야 할 공부를 즐거워하지 않는 것을 두고 많은 유학자들은 고민해야 했다. 다음 글은 그 고민을 엿보게 하는 예이다.

> 배움이란 아는 것이고 익힘이란 이를 실천하는 것이다. 그러므로 배우고 때로 익힌다는 것은 지식과 실천을 병행하는 것이다. 후세의 학문은 배우기만 할 뿐 익히지 않으니(알려고만 할 뿐 실천하려 하지 않으니) 즐겁지 않은 것이다.

'즐거움'은 동아시아 세계에서는 일종의 도달해야 하는 경지였다. 즐겁지 않다는 것은 무리하게 억지로 한다는 의미이고, 내가 그것과 혼연일체가 되지 못한다는 뜻이다. 즐거우면 저절로 하게 되고, 내가 그것과 하나가 되면 그만두려 해도 그만둘 수 없다.

유가들은 가난하여 자주 밥을 굶으면서도 공부하기를 좋아했던 안연에게서 공부하는 즐거움의 원형을 보았다. 왜 안연은 그토록 절실하게 공부에 매진했던 것일까? 공부가 내 삶이라 생각했기 때문이고, 내 삶의 문제를 해결해줄 수 있으리라 믿었기 때문이며, 그 해결에 다가가고 있다고 느꼈기 때문일 것이다.

위 글은 정약용의 『논어고금주』에서 인용한 것이다. 아이들은 왜 공부하기를 싫어하는가? 그것은 아이들의 잘못이 아니다. 본래 삶 속에 구현되어야만 비로소 즐거울 수 있는 공부를 현실에 소용이 없는 공부, 삶에 뿌리내리지 못한 공부, 오직 과거에 합격하기 위한 수단으로 전락한 공부로 만들어버렸기 때문이다. 그런 공부는 기쁘지도 즐겁지도 않다. 그렇기 때문에 정약용은 '시습(時習)'의 '습'을 실천으로 해석하여 현실과 유리된 공부를 현실로 되돌리고자 했던 것이다.

우리 아이들은 왜 공부를 즐거워하지 않는가? 입시 수단으로 전락했기 때문이며, 남에게 평가받기 위한 것이고, 내게 절실하지도, 앞으로 내 삶에 꼭 필요하다고 생각되지도 않는 공부를 사회가, 학교가, 부모가 강요하기 때문에 억지로 하고 있기 때문이다.

가천대학교 길병원이 국내 최초로 인공지능 의사 '왓슨'을 도입하여 대장암 환자를 진료하고 항암제를 처방하였다. 수술 집도의는 왓슨이 "상당히 높은 수준의 의학 지식과 최신 진료 서비스를 제안했다"고 평가했다.[3] 인공지능 시대가 이미 시작된 것이다.

4차 산업혁명의 쓰나미가 몰아닥친 지금, 우리 아이들은 입시 위주의 공부, 문제풀이식 공부에 매달려 자신에게 주어진 소중한 시간들을 낭비하고 있다. 무엇보다 4차 산업혁명 후의 미래를 예측하고 그에 걸맞은 인재 양성을 담당해야 할 학교는 아이들의 흥미를 유도해내라고 교사를 옥박지르고 아이들을 입시 경쟁에 내몰면서 특목고나 자사고 진학에 열을 올리고 있다. 특목고나 자사고 진학률을 올리기만 하면 학교는 본연의 의무를 다한 것일까? 학교를 입시 경쟁에 내몬 것이 사회 전반에 만연한 학벌주의 탓이라 하더라도 이 현실에 맞서지 못한다면 그것 또한 직무유기가 아닐까?

(2) 인성교육진흥법과 자유학기제

'창의인성교육'이라는 기치 아래, 창의성과 인성이라는 두 마리 토끼를 동시에 잡으려 했던 이명박 정부에 이어 박근혜 정부 또한 건전한 인성 함양과 창의성 개발을 핵심적인 교육목표로 제시했다. 2014년 국회를 통과하여 2015년 7월부터 시행되고 있는 인성교육진흥법과 2014년 시범 단계를 거쳐, 2015년부터 전 학교에 실시되고 있는 자유학기제가 그 대표적인 정책이다.

먼저 인성교육진흥법은 말 그대로 인성교육을 법제화한 것으로, 이 법에 따르면 교육부 장관이 인성교육종합계획을 5년마다 수립하고, 지방자치단체 교육감은 종합계획에 따라 연도별 인성교육시행계획을 수립해 교육부 장관에게 보고해야 한다. 인성교육 5개년 계획이라는 누가 들어도 우스운 이 법이 국회에서 만장일치로 통과된 것은 유신 잔재라는 혹독한 비난에도 불구하고 국민 대부분이 지식 중심 교육의 한계를 인식하고 인성교육의 중요성을 통감했기 때문일 것이다.

2016년 세계를 놀라게 한 거대한 촛불집회는 물론 양극화와 실업 등 경제적 불만이 그 근저에 있다 하더라도, 역시 그 중심에 있는 것은 정계와 재계를 비롯한 기득권의 부패에 대한 염증이며, 내 아이에게만은 좀 더 공정한 사회를 물려주겠다는 '정의'에 대한 열망이고, 기성세대의 부도덕에 대한 자기비판이었다. 많은 미래학자들이 4차 산업혁명 시대 또는 미래의 인공지능 시대는 높은 도덕성과 인간에 대한 신뢰 없이는 지옥이 될 뿐이라고 경고하고 있다. 정부가 강요한 인성교육법이 우리 아이들에게 건전한 인성을 갖게 해줄 것이라 기대할 수는 없지만, 어쨌든 우리 모두가 스스로의 내면을 들여다보려고 한다는 점, 공부를 잘하는 아이보다 올바른 아이가 되기를 모두 기대하고 있다는 점, 그러한 열망이 이 법에도 투영되어 있다는 점에서 우리는 '고무적'이라 해야 할지도 모른다.

또 하나, 자유학기제는 중학교 1학년을 대상으로 실시하는 체험 중심 진로교육 프로그램이다. 여기서는 학생 스스로 진로를 모색할 수 있도록 학생들이 자신들의 관심 분야를 체험하고 탐색하도록 하는 한편, 이론 중심 수업에서 벗어나 토론, 실습, 프로젝트 수행, 예체능 수업 등을 통해 창의성과 협동심을 기르도록 하였다. 아일랜드의 전환학년제, 영국의 갭이어, 덴마크의 애프터 스쿨, 스웨덴의 프라오 등을 모델로 한 자유학기제는 이들 대다수가 오랜 역사를 지닌 전통적인 직업체험교육 프로그램인 데 비해 아이들의 학업 부담을 줄여주고자 하는 의도를 담고 있다는 점에서 약간의 차이가 있다.

문제풀이형 천재 양성이라는 자조적인 말이 나오고 있는 오늘날의 교육 현장을 생각하면 어떤 형태로든 아이들을 교실에서 자유롭게 해준다면 환영할 일일지도 모른다. 하지만 극도로 제한된 체험학습, 반복되는 토론 수업, 교실에 갇힌 프로젝트 수업 등에 그치고 학교를 근본적으로 개혁하지 못한다면, 자유학기제는 사상누각에 불과하며 여전히 우려의 대상일 뿐이다. 그보다 더 우려스러운 것은 자유학기제가 자기 아이의 성적을 떨어뜨릴 것이라 염려하여 아이들을 사교육으로 내모는 부모들이며, 조금도 흔들리지 않고 있는 우리 사회의 학벌주의이며, 잠재워지지 않는 헛된 욕망들이다.

리프킨은 미래사회는 공유사회가 될 것이라고 했고, 『유엔 보고서 2050』은 모든 국민에게 일정액을 지급하는 기본소득을 말하고 있다. 아마 이 공유사회를 가장 회의적으로 바라보고 있는 나라는 한국일 것이다. 우리 사회는 슈밥이나 『유엔 보고서 2050』이 가장 경계하는 상황, 즉 소수의 권력 독점, 부의 독점과 대물림이 어느 나라보다 강하기 때문이다.

학교는 사회이다. 사회가 방향을 제대로 설정하지 못하면 학교는 제 기능을 할 수 없다. 그러나 역으로 학교가 제대로 방향을 설정하면 이 사회가 바뀔 수도 있다. 방향을 잡지 못하는 교육정책과 그 속에서 여전히 성적 지상주의를 버리지 못하는 학교는 사회의 부조리를 한층 더 가속화시킬 뿐이다.

패망 후 일본의 많은 교사들은 자신들이 제국주의에 앞장선 것을 반성했다. 우리나라 교사는 유신헌법을 옹호하고 독려했던 자신을 반성한 적이 있는가? 교사가 시대를 앞서가고 미래를 예측하지 못하면 학교는 제국주의나 독재 또는 기득권의 권력을 유지하기 위한 수단이 될 뿐이다. 변화와 혁신의 시대가 도래하는 지금, 시대를 내다보지 못하고 가시적 성과주의에 매달려 있는 학교가 스스로를 반성하지 않는다면 미래는 많은 사람들이 예측하듯이 더 큰 '지옥'이 될 뿐이다.

율곡은 '사도가 끊어졌다'고 한탄했다. 시대를 걱정하고 시대를 앞서가는 스승이 존재하지 않는 것, 그것이 '사도가 끊어진 것'이며, '사도가 끊어진 것'이 그래서 문제이다.

3. 동아시아 전통과 학교

　동아시아의 학교가 늘 위기였던 것은 그 사회가 위기였기 때문이지만, 다른 한편으로 학교만이 그 위기를 극복할 수 있다는 '믿음' 때문이기도 했다. 그러므로 동아시아 세계에서는 사회가 위기에 처할 때마다 교육을 말하였고, 교육을 바로잡아 세상을 바꾸고자 하였다.

(1) 수신제가치국평천하

　배움에는 차별이 없다.[4]

　공자는 배움을 구하기만 하면 누구든 차별하지 않고 가르쳤다.
　한대 동중서가 인간의 성性을 상·중·하로 구분하는 성삼품설을 주장한 이래, 배우지 않아도 아는 자와 배워도 알 수 없는 자를 구분하기는 했지만, 후대 유가는 상지上智와 하우下愚를 기질의 탓으로 돌리며, 배움의 문을 모든 사람에게 개방했다.

그렇다면 유가는 왜 배움을 모든 사람에게 개방했는가? 또 그 배움이란 무엇을 배우고 가르치는 것인가? 다음은 맹백무의 물음에 대한 공자의 답이다. 그는 제자들의 이름을 열거하며 그들이 '어진 사람인지'를 물었다. 참고로 맹백무는 공자의 제자이다.

공자가 말했다. "유(由, 자로)는 천승의 나라에 군정을 다스리게 할 수는 있지만 어진 사람인지는 알지 못하겠다." "구(求, 염유)는 어떠합니까?" 공자가 말했다. "구는 천실의 큰 읍과 백승의 큰 집안을 관리할 수는 있지만, 어진 사람인지는 알지 못하겠다." "적(赤, 공서적)은 어떠합니까?" 공자가 말했다. "적은 관복을 입고 조정에서 빈객을 접대하며 이야기를 나눌 수는 있지만 어진 사람인지는 알지 못하겠다."[5]

『논어』에는 공자 문하를 거쳐 간 다양한 군상들이 등장한다. 강직하고 충성스러웠던 자로, 시대를 꿰뚫는 심미안을 지녔던 재테크의 달인 자공, 공부하기를 누구보다 즐거워했던 안회, 스승의 호된 꾸지람에도 불구하고 구제舊制의 혁파를 주장했던 재여 등. 그들은 각자의 재능으로 여러 나라에서 중책을 맡으며 공자의 이상을 실현하고자 하였다. 그러나 영명했던 자공을 '기器'라고 폄하했던 것처럼, 공자가 제자들에게 원했던 것은 뛰어난 정무 능력이나 재능이 아니었다.

그가 원한 것은 사람을 사랑하는 마음, 바로 인仁이라는 내면의 덕을 닦고 실천하는 사람이었다.

공자는 왜 배움에 차별을 두지 말라고 했을까? 그것은 그의 교육이 잠재된 재능을 개발하고 발휘하게 하는 것이 아니라, 누구나 내면에 구유하고 있는 '인'을 발현하고 실현하는 것이었기 때문이다. 공자는 그 '인'의 발현을 통해 전란이 없는 평화로운 세상, 즉 백성이 살기 좋은 세상을 만들고자 했던 것이다.

『대학』이라는 책은 옛 태학에서 사람을 가르치던 법이다. 하늘이 사람을 내릴 때 이미 인仁·의義·예禮·지智의 성性이 없지 않았지만, 품부 받은 기질에 차이가 있어서 모두 그 본성을 온전히 하지 못하였다. 한 사람이라도 총명한 사람이 나오면…… 백성을 다스리고 가르쳐서 그 본성을 회복하게 하시니…….[6]

위 글은 주희의 『대학장구』 서문에서 인용한 것이다. 후대 신유학이라 일컬어질 만큼 유학을 대대적으로 혁신한 사상가, 주희는 『예기』의 한 편이었던 '대학편'을 독립시켜 자신의 사서 체제 속에 편입시켰다. 『예기』를 한대 유학자들이 쓴 것이라 폄하하던 그가 유독 이 한 편을 독립시켜 학문으로 들어가는 입문서로 삼았던 이유는 무엇일까? 그것은 서문을 통해 짐작할 수 있듯이, 공자가 추구했던 살기 좋은 세상을 만드는 방법이 『대학』에 갖추어져 있다고 믿었기 때문이다. 공자의 뒤를 이어 그 또한 모든 인간 내면에 구유되어 있는 이

'인'의 발현이야말로 평천하의 이상을 실현하는 유일한 방법이라 믿었던 것이다.

중·고등학생을 대상으로 하는 도덕 교과서는 인간을 '무한한 욕망을 추구하는 존재'라 전제한다. 또 인간 삶의 궁극적인 목적은 행복이며, 이 행복은 욕망 충족을 통해 얻을 수 있다고 말한다. 도덕 교과서 전편에 흐르는 '자아실현'은 이 욕망과 욕망 실현을 보기 좋게 포장한 것이며, 도덕이란 이 욕망 실현을 좀 더 공정하게 이루기 위한 기준 또는 잣대에 불과하다. 그러나 이미 욕망 덩어리인 인간이 어떻게 욕망을 공정하게 실현할 수 있을까? 욕망 달성이 공정한 방법으로 이루어지지 않으면 결국 나의 욕망도 달성할 수 없을 것이라는 '이성적' 판단을 이 공정성의 근거로 제시하지만, 공정하지 않은 쪽이 내게 더 유리하다고 판단된다면 언제라도 인간은 이 공정성을 무너뜨릴 것이다.

유학은 합리주의자인 법가를 싫어했다. 인간에 대한 불신 위에 세워진 누각은 말 그대로 사상누각에 불과하기 때문이다. 공자는 인간 내면의 인仁을 믿었으며, 그 인을 믿었기에 모든 인간에게 차별 없는 교육을 약속했고, 그 믿음에 의지하여 평천하의 이상을 꿈꾸었던 것이다.

주희는 말한다. "평천하를 꿈꾸는가? 그렇다면 먼저 자신의 마음을 들여다보고, 하늘이 내게 준 본성, 즉 인을 실현하기 위해 노력하라. 평천하는 멀리 있는 것이 아니다. 내 마음속에 있다"라고. 그러므로 동아시아 세계에서 교육의 위기는 이 내면적 덕인 '인'의 위기이며, 인간성의 위기이며, 인간 그 자체의 위기였다. 인간을 욕망하는 인간으로 규정하는 한, 거기에는 출로가 없다.

(2) 학교는 마음 수련장

1179년, 남강군 지사로 부임한 주희는 백록동 서원을 중건한다. 9세기 초, 이발이 창건한 이 서원은 북송 초기에는 4대 서원의 하나로 꼽힐 만큼 번성하였다. 주희는 이곳에서 북송 대에 융성했던 관학의 한계를 극복하고, 유학이 본래 추구했던 것, 즉 내 본성을 발현하는 공부를 시작했으며, 과거제 시행과 더불어 입신양명의 수단으로 전락한 공부의 본래 의미를 되찾고자 하였다.

과거에 낙방한 사람, 과거를 준비하는 사람, 아예 과거를 볼 마음조차 없는 사람 등 다양한 이들이 주희의 서원을 찾았다. 그들은 여기서 함께 경전을 읽었고, 경전의 의미를 천착하였으며, 경전 속에서 자신의 미래를 발견하고자 했다. 그것이 서원의 목적이었다. 여기서 사람들은 이록利祿을 위한 공부, 일신의 영달을 위한 공부가 얼마나 허망하고 위험한지를 깨달았으며, 자신에게 절실한 문제, 즉 자기 삶의 의미를 발견하고 자신의 사회적 책무를 자각하기 위한 공부를 시작한 것이다.

주희가 서원 운영을 위해 만든 '백록동 동규'에는 학문의 내용, 학문하는 순서, 수신의 요체, 일을 처리하는 방법, 사람과 사귀는 법

등이 규정되어 있는데, 이른바 '수양'의 방법과 과정을 구체적으로 제시한 것이다. 또 서원은 무상을 원칙으로 하여 가난한 선비에게도 배움의 기회를 주고자 했으며, 수업 방식 또한 학생들의 주체적 탐구와 자유로운 토론으로 이루어졌다. 이 서원에서 주희는 스승으로 군림하기보다 친구나 안내자 역할을 자처했다. 모든 문제의 근원은 본인에게 있으며, 그 해답을 발견하는 것 또한 당사자가 아니면 불가능하다는 문제의식이 그에게 있었던 것이다. 그것은 당시 과거학이 과거 합격을 위해 경전 암송을 주로 한 것과는 명확하게 대비된다.

1541년(중종 36), 우리나라에서도 풍기군수 주세붕이 백운동 서원을 건립한다. 이곳 출신 성리학자인 안향을 배향하기 위해 건립한 이 서원은 훗날 풍기군수로 부임한 퇴계 이황에 의해 소수서원으로 개칭되며, 최초의 사액서원이 된다. 사액서원은 임금에게서 책, 토지, 노비를 하사받고 면역의 특권을 가지는 것으로, 주희가 생각한 '무상'은 아니라 하더라도 가난한 선비들이 경제적 어려움 없이 학문에 매진할 수 있도록 한 것이다. 물론 이때 학문은 자신의 본성을 발현하는 공부, 사회를 이끌어갈 지식인으로서 자신의 사회적 책무를 자각하고 이를 실천하기 위한 공부였다.

주희의 서원이 과거에 낙방했거나 과거에 뜻이 없는 사람들에게 굳건한 의지처가 되었듯이, 조선의 서원 또한 중앙 관료로의 진출이 원천적으로 봉쇄되었던 지방의 가난한 선비들에게 삶의 방향을 제시했다. 그들은 스무 날에 고작 아홉 끼를 먹었다는 공자의 손자 자사의 이야기를 떠올리며, 내 본성을 회복하기 위한 공부에 매진하였고, 가난한 가운데도 극진히 부모를 봉양하며 형제와 우애하였고, 제자들을 길러 마을의 풍속을 아름답게 하고자 하였다. 그것이 그들이 발견한 '학문'의 의미였다.

'시험 천재가 낳은 시대의 사생아',[7] 대학교 3학년 때 사법고시에 합격하고, 4학년에 행정고시에 합격했으며, 하버드 로스쿨을 수료한 뛰어난 두뇌의 소유자이나, 뇌물 수뢰로 법정에 선 모 검사를 사람들은 그렇게 불렀다. 그는 학교를 통해 얻는 교육 정도가 실제로 그 책무를 수행하는 것과는 별개였다는 것을 보여줌으로써, 훌륭한 검사도 뛰어난 검사도 아닌 '시험 천재'로 전락해버린 것이다.

만약 학교가 인공지능 시대를 대비하여 일자리를 선점할 수 있는 교육에 급급하거나, 기술교육에 치중하여 우위에 있는 기술력을 독점하려 한다면 제2, 제3의 '시대의 사생아'들이 태어나지 않을 것이라 장담할 수 있겠는가? 더구나 이 제3의 '시대의 사생아'들은 훨씬 강한 힘을 가지고 이 사회를 붕괴시킬 것이다.

4. 인공지능 시대, 학교는 무엇을 가르쳐야 하는가?

지금 학교의 벽은 허물어지고 있다. 교육부가 발표한 '학사제도 개선안'에 따르면, 2017년부터 대학은 학습경험 인정제를 통해 학생의 연구 활동이나 산업체 경력을 학점으로 인정해주는가 하면, 융합전공제를 도입하여 새로운 학과를 개설하기도 하고, 학점의 약 20%를 원격 수업으로 대체할 수 있다.[8] 기사의 타이틀이 '4차 산업혁명의 옷을 입다'인 것에서 짐작할 수 있듯이, 이 개선안은 본격화된 4차 산업혁명에 대처하고자 한 것이다.

그런데 과연 융합전공제와 원격 수업 등을 골자로 하는 이 개선안으로 우리는 4차 산업혁명에 성공할 수 있을까? 아니, 4차 산업혁명에 성공한다고 하더라도 우리가 추구하는 새로운 사회를 건설할 수 있을까? 이 개선안이 문제인 것은 단순히 기초학문의 붕괴 때문이 아니다. 여기에는 '기술'이 있을 뿐, '인간'이 없다는 것, 설령 인간이 있다 하더라도 그것은 노동하는 인간이며, 생물학적 인간일 뿐이라는 것, 그것이 문제이다. 인간에 대한 통찰 없이 계속된 기술혁신이 어떤 세상을 만들어왔는지 우리는 이미 역사 속에서 경험하지 않았는가? 물론 이 기술혁신 시대에 기술교육이 필요 없다는 뜻은 아니다. 그러나 주가 되어야 하는 것은 어디까지나 인간이며 더더욱 인간이라는 것이다.

(1) 다시 마음으로!

코딩 로봇 '루트'가 학교 현장에 투입되었다. 하버드대학 비스연구소 연구원이 개발한 이 로봇은 초등학생에게 코딩을 가르치고 있으며, 교사들은 "학생들이 코딩을 빠른 속도로 이해하기 시작했다"고 놀라움을 표했다. 프랑스의 휴머노이드 업체인 '알데바란 로보틱스'에서 개발한 '나오 휴머노이드' 로봇은 몸 전체를 사람처럼 움직일 수 있을 뿐 아니라 음성 인식 및 합성, 얼굴 인식이 가능하다. 이 로봇은 수학, 과학, 언어를 가르치며, 학생들과 대화할 수도 있다. 학생들이 이 로봇을 열렬히 환영한 것은 말할 필요도 없다.

교사들도 로봇을 반겼지만, 많은 교사들은 이 로봇이 교사들의 일자리를 앗아갈 것이라며 우려를 표명했다. 그들은 로봇이 교사를 보조하는 데 머물기를 바라지만 연구원들의 대답은 '노NO'였다. 앞으로 학생들의 요구에 맞도록 프로그래밍된 로봇이 이성과 감성을 갖추게 될 경우, 인간보다 뛰어난 교수활동이 가능할 것이라 예측하기 때문이다.[9]

어쩌면 로봇 교사는 시작에 불과할지도 모른다. 디지털 수업이라는 이름으로 이미 도입된 온라인상 수업은 더 빠른 속도로 수업을 가상현실 공간으로 옮겨 갈 것이며, 머지않은 장래에 '학교'라는 공간은 무너지게 될 것이다. 일정 나이의 아이를, 그 아이의 개인적 특성과 무관하게 한 공간에 집어넣고, 국가가 정한 내용을 일률적으로 가르치는 '근대' 학교는 대중생산을 주로 하는 '근대'에 적합한 교육일 뿐이다. 4차 산업혁명이 도래한 지금 '교실 붕괴'는 근대 교육의 붕괴를 의미하며, 그런 의미에서 자연스러운 일인지도 모른다.

교실을 벗어나 가상현실 공간에서 이루어지는 수업은 아이들이 원하는 곳에서, 원하는 시간에, 원하는 내용을, 자신에게 맞는 프로그램을 통해 배울 수 있으며, 언제라도 피드백을 받을 수 있다. 더구나 최근 급속히 발달하고 있는 VR 기술은 제한된 체험에 갇혀 있는 아이들에게 다양한 체험을 가능하게 하여, 기술교육뿐 아니라 정치, 경제, 사회 각 분야의 문제들을 직접 체험을 통해 인식할 수 있게 한다.

지금의 이 속도라면 10년 후 학교의 모습은 상상하기 어렵다. 물론 디지털 교과서와 태블릿PC, 스마트폰을 활용하여 수업하는 지금의 학교 모습 또한 10년 전에는 상상하기 어려웠듯이, 학교는 이 변화 속도를 따라가기 위해 최선을 다할 것이다. 그러나 그 끝은 어디인가? 4차 산업혁명에 뒤처지지 않기 위해 대학은 융합교육이라는 명목 아래 학과를 통합하고, 원격 수업을 인정했으며, 개인적인 연구나 산업체 경력도 학점으로 인정한다고 했다. 그 끝은 어디일까? 대학은 붕괴될 것이고, 대학이 붕괴되는 속도와 비슷하게 일자리도 사라질 것이다. 일각에서는 아직도 대학 졸업장은 유효하다든가, 새로운 일자리가 만들어질 것이라는 위로의 말을 던지기도 한다. 그러나 융합교육을 위한 융합학과는 거의 대부분이 기술력 제고를 목표로 하고 있다. 이 기술력은 제고되면 제고될수록 전 산업체계를 로봇화할 것이며, 동시에 인간의 일자리를 줄여갈 것이다. 어떻게 융합교육이 일자리를 창출할 수 있겠는가?

문제는 교수 방법이 아니라 내용이다. 로봇 '루트'의 코딩 수업은 성공적이라고 한다. 그러나 어떤 아이들이, 어떤 이유로 그 수업에 열광했는지는 분명하지 않다. 무엇보다 로봇이 코딩이 가능하고 과학과 수학을 가르칠 수 있을 정도라면 이미 인간은 코딩이나 수학, 과학 같은 것은 배울 필요가 없을지도 모른다. 로봇이 할 수 있는 일을 굳이 인간이 배울 필요는 없지 않겠는가?

태블릿PC를 활용하는 일명 '디지털 수업'이 도입되면서, 디지털 수업에 활용할 수 있는 다양한 앱이 개발되고 있으며, 가상공간에서 실시간 자유롭게 교류하는 것을 목적으로 하는 위두랑 등 이미 새로운 교육용 프로그램이 개발되었다. 일각에서는 이제 교사는 지식이 아니라 아이들이 스스로 학습하는 방법, 즉 가상현실 공간에서 교류하며, 원하는 정보를 얻을 수 있는 기술을 가르치는 것으로 충분하다고 말한다. 만약 이것이 교사의 역할이라면 이 역할은 가까운 미래에 로봇 교사가 대신할 수 있을 것이다. 그렇다면 이제 교사는 기술 전수자일 뿐 교사가 아니다. 율곡이 말했듯이 '사도'를 전하지 못하는 교사는 교사가 아니기 때문이다.

로봇 '루트'와 '나오 휴머노이드'의 이야기에 우리 아이들은 열광하지 않았다. 양극화와 장기화된 청년 실업, 그리고 지나치게 급속히 발전하는 과학기술이 아이들에게는 호기심보다 두려움을 안겨준 것이다. 지금 학교는 무엇을 가르쳐야 하는가? 또 미래 학교는 무엇을 가르쳐야 하는가? 이 위축된 아이들이 용기를 가지도록 하는 것, 미래에 대한 불안을 접고 현실은 자신들이 만들어가는 것이라는 확신을 주는 것, 기술의 노예가 아니라 기술의 주인이 되도록 하는 것, 그것이 이제부터 학교가 가르쳐야 하는 것이 아닐까?

정약용은 '마음공부'에 갇힌 사람들에게 '기술'을, 현실 속에서 살아가는 법을 가르치고자 하였다. 과학기술에 바탕을 둔 '근대'라는 새로운 시대가 다가오고 있었기 때문이다. 이제 '근대'는 낡은 시대가 되었다. 고도의 기술문명 시대, 과학기술이 세상을 지배하는 시대, 로봇이 인간의 일을 대신하고, 일을 통해 자신의 가치를 찾으려던 것이 무의미해진 시대, 그런 시대가 다가오고 있다면 학교는 무엇을 가르쳐야 하는가? 결국, 마음일 것이다. 설령 로봇에게 마음이 생기고, 로봇이 도덕성을 갖추는 날이 온다 하더라도 여전히 인간에게 유효한 것은 서로가 서로를 더 나아지도록 격려하며, 아무리 더 나아져도 문제가 없는 것, 즉 사랑, 정의, 자비를 담고 있는 이 마음을 탐구하고, 그 속에서 더 나은 미래를 발견하기 위해 노력할 수밖에 없을 것이다.

(2) 배움은 학교라는 공간을 넘어서

2013년, 구글 직원 백스 벤틸라는 자신의 아이를 홈스쿨링하는 대신에 새로운 형태의 학교를 만들고 이를 '알트 스쿨'이라 명명했다. 소규모의 어린이, 부모, 교사가 서로 협력하여 아이들을 가르치는 이 '알트 스쿨'은 소규모라는 점 외에도 나이 대신에 흥미와 특성을 기준으로 반을 편성했다는 데 특징이 있다. 2014년, 칸 아카데미의 창시자 살만 칸은 오프라인에서 '칸랩 스쿨'을 열었다. 초등과 중등을 구분할 뿐, 무학년제로 운영되는 이 학교 역시 흥미와 아이의 수준을 기준으로 반을 편성하고, 시험 없이 협력적 프로젝트형 수업을 진행한다는 점에서 '알트 스쿨'과 유사점이 있다.

전통적인 교육체제에 의문을 제기하며 새로운 형태의 학교가 속속 출현하고 있다. 우리나라도 최근 이러한 변화에 발맞추어 교육부는 학생들의 수업선택권을 확대하기 위해 고등학교에도 학점제를 도입하고, 초·중등교육과정에도 온라인 강좌 시스템을 구축하여 학생들이 흥미와 수준에 맞는 수업을 선택할 수 있도록 하겠다고 공표했다.[10] 배움이 학교라는 공간을 이미 넘어서기 시작한 것이다.

공교육이 스스로 정형된 틀을 포기하고 다양성을 인정하는 것, 수업권을 확대하여 자신의 적성과 흥미에 맞는 수업을 할 수 있도록 하는 것, 과연 이런 것들로 아이들은 안연이 했던 '내게 절실한 공부', 정약용이 강조했던 '내 현실을 바로잡을 공부'를 하게 되는 것일까? 그러나 공교육의 그러한 시도가 만약 4차 산업혁명에 성공하기 위한 것이라면, 무엇보다 그것이 경제 발전을 위한 기술적인 면에 한정되는 한 우리는 결코 성공할 수 없을 것이다.

혼란스러운 시대를 자신의 탓으로 돌리며, 평천하의 이상을 실현하기 위해 자기 성찰을 멈추지 않았던 유가 지식인들, 18세기 정계로의 진출이 사실상 차단되고 시골 한 모퉁이에 소외된 삶을 강요당하면서도, 집안을 다스리고 제자를 기르며 평천하의 꿈을 버리지 않았던 조선의 선비들, 아니 더 거슬러 올라가면 약체 신라를 반석 위에 올린 화랑들까지, 우리에게는 시대를 탓하지 않고 자신의 책임을 다하려 했던 선인들이 있다. 그들의 공통된 기반은 '배움'이었고, '배움'을 함께하는 '배움 공동체'였다. 그 배움과 '배움 공동체'가 의미 있었던 것은 자신의 영달이 아니라 평천하를 꿈꾸었기 때문이며, 평천하의 꿈을 이루기 위해 자기 수양에 전념했기 때문이다.

미래 학교는 바로 그런 곳이어야 하지 않을까? 사람을 사랑하고 세상을 염려하는 사람이 뜻을 함께하며 배움을 게을리하지 않는 곳, 출세나 일신의 영달보다는 '평천하'를 이루는 것이 궁극의 목표이며, 그 목표를 향해 내면의 덕성을 닦고 기르는 곳, 형태는 달리하더라도 바로 그런 곳이 학교가 되어야 하지 않을까?

아이들은 사이보그 인간, 슈퍼베이비, 컴퓨터로 이식되어 영원히 사는 인간으로 가득 찬 지구를 '끔찍해'했다. 아이들은 저마다 그런 세상은 싫다, 그렇게는 살고 싶지 않다고 말했다. 다만, 만약 우리에게 허락된다면 노화를 늦추고 수명을 연장하는 것에는 동의했다. 그리고 어느 정도는 정서장애나 이상 인격을 치료할 수 있는 약이 개발되는 것도 좋겠다고 했다. 더 할 수 있는 것이 있다면 세상 사람들이 거짓말을 하면 피노키오처럼 코가 커지게 한다거나, 거짓말을 하면 수명이 줄어들게 하는 기술이 발명되었으면 좋겠다고 했다. 아이들이 가장 두려워하는 것은 인간을 지배하는 인공지능보다 '나쁜 어른'이었다.

아이들은 인공지능이 지배자가 되고, 소수의 슈퍼베이비가 자신들 위에 군림하는 인공지능 시대를 상상하면서 그래도 우리는 적응할 수 있을 것이라 답했고, 슈퍼베이비가 되지 못하더라도 행복할 수 있을 것이라 답했다. 미리 그 시대를 두려워하고 싶지 않다고도 했고, 이제까지 살아왔듯이 앞으로도 그렇게 살아갈 수 있을 것이라 낙관했다.

어쩌면 아이들이 답을 알고 있는지도 모른다. 이 시대의 변화에 저항하지 않는 법, 기계든 인간이든 협력하며 함께 살아가는 법, 슈퍼베이비가 아니라도 스스로의 가치를 믿으며 행복하다고 말하는 법, 그것을 아는 것이 미래를 살아갈 지혜가 아닐까? 학교는 바로 그런 것들을 배우기 위해 함께 고민해야 하는 장이 되어야 하지 않을까?

아마 오늘날과 같은 학교는 없어질 것이다. 일정한 나이의 아이들에게 일정한 커리큘럼에 따라 동일한 내용을 가르치고, 동일한 시험으로 그 아이들의 우열을 가리는 형태의 학교는 더 이상 존속되기 어려울 것이다. 그러나 과거의 역사가 보여주듯이, 학교의 형태는 달라진다 하더라도, 사회가 영속되는 한 '배움'이라는 행위는 계속하지 않을까? 우리에게는 학교의 존재 여부가 아니라 그 학교가 무엇을 어떤 형태로 가르칠지가 중요하다. 그리고 대량생산과 대량소비를 근간으로 하는 '근대'가 사라지고 있는 지금, 새로운 시대에 대처할 수 있는 새로운 형태의 학교가 등장해야 하며, 그 새로운 형태의 학교는 기술 이전에 고도의 '정신성'을 추구하는 곳이어야 할 것이다.

1. 『율곡선생전서』 권15, 잡저, 학교모범.
2. 『論語』, 「爲政」.
3. 『조선일보』, 2016년 12월 6일.
4. 『論語』, 「衛靈公」.
5. 『論語』, 「公冶長」.
6. 『대학장구』, 「序」.
7. 『주간경향』, 1190호, 2016년 8월 23일.
8. 『국민일보』, 2016년 12월 9일.
9. 『The Science Times』, 2016년 12월 13일.
10. 『뉴시스』, 2016년 12월 22일.

8

인공지능 시대, 가족은 어떻게 변할까?

이현지

1. 인공지능 시대의 가족은?

　인공지능 시대는 이미 우리의 삶 속에서 역동적으로 실현되기 시작했다. 아마존의 인공지능 비서 '알렉사'를 탑재한 '에코'는 사용자의 음성을 듣고 검색, 쇼핑, 음악 등 콘텐츠를 제공한다. 인공지능 비서는 사용자와 대화하고 무엇을 필요로 하는지 파악하여 반응한다고 한다. 현재는 '에코'를 주로 음악을 듣는 데 활용하고 있다고 하지만 앞으로 인공지능이 일상의 어디에까지 영향을 미칠지는 상상하기 힘들다.

_『이데일리』, 2016년 8월 2일 자

　인공지능이 일상생활의 변화에 영향을 미치기 시작하면, 일상생활의 가장 기본적인 공동체인 가족생활의 변화가 급격하게 진행될 것으로 예측된다. '인공지능 시대로 인해 가족이 어떤 변화를 겪게 될 것인가'에 대해 가장 분명하게 답할 수 있는 것은 가사노동의 로봇 활용이다.

기술의 발전이 가사노동의 변화를 초래했고, 대부분의 가사노동에 로봇 활용이 확대될 것으로 전망된다. 심지어 최근에 소셜 로봇은 가족 구성원의 역할을 하게 될 것이라고 예측되고 있다. 반려동물과 마찬가지로 소셜 로봇에게 감정적인 연대감을 갖게 될 가능성은 매우 높다.

소셜컴퓨팅연구소 한상기 대표는 "20년쯤 뒤에는 로봇에게 전 재산을 물려주겠다는 사람도 생길 것이며, 로봇이 권리의 주체가 될 수 있을지에 대해 고민해봐야 하고, 로봇을 법인화할 수 있을지, 법적으로 어떻게 다뤄야 할지에 대한 고민이 필요하다"고 한다.『사이언스타임즈』 2016년 8월 2일 자 인공지능은 단순히 과학기술의 발전으로만 치부할 수 없는 법적, 제도적, 윤리적, 사회문화적 문제와 결합되어 있다.

현실적으로 인공지능 시대의 도래란 인류에게 선택권이 있는 것이 아니다. 다양한 법이나 제도로 인공지능을 인간의 삶에 어디까지 허용할 것인가를 선택할 수는 있겠지만, 인공지능의 발달을 물리적으로 통제할 수 있는 방법은 없다고 해도 과언이 아니다. 인류에게 주어진 선택권은 바로 인공지능 시대에 어떻게 대처할 것인가의 문제이다. 인공지능으로 인한 삶의 변화는 급속도로 생활 속 깊이 침투하고 있다. 지금까지의 상황을 토대로 보자면, 인공지능은 여타의 과학기술 발달과 마찬가지로 인간의 삶에 편리함을 제공해주고 있다.

반면, 인공지능에 대한 경계와 우려의 목소리는 매우 높다. 이러한 현상을 인간과 기계의 대립이라고 극단적으로 비화시키는 경향도 있다. 인공지능과 로봇의 기술적 혁신이 사회적으로 이슈가 될 때마다,

세상의 관심은 인간과 기계의 대결로 현상을 단순화하는 경향이 있다. 최근 알파고와 이세돌의 바둑 대국에 대해서도 기계가 인간을 이겼다는 점을 논점으로 삼는 경향이 강하다.『동아사이언스』 2016년 8월 2일 자

여기서는 인공지능이 인간의 삶에 어떤 의미를 부여할지는 인간의 선택이라는 점을 직시하고 어떤 선택을 해야 할 것인지 방향을 제시하는 문제의식은 약하다. 따라서 인공지능이 인간의 삶에 미칠 영향에 대해서도 보수적인 측면에서 접근하고 배타적인 입장을 가지는 경향이 있다. 그러나 인공지능 시대의 도래는 문명의 차원을 혁신적으로 변화시킬 수 있는 물적 토대를 제공해주며, 인류의 선택에 따라 삶의 질적 변화를 가져올 수 있는 기회가 될 수도 있다는 것을 간과해서는 안 된다.

인공지능 시대를 삶의 질적 변화를 위한 기회로 만들려면 인류의 현명한 선택이 전제되어야 한다. 여기서는 이러한 관점에서 인공지능 시대의 가족이 어떤 역할을 담당하고 어떻게 변화해가야 하는지 그 지향점을 논의하고자 한다.

인공지능 시대의 도래와 관련해 가족에 대한 연구는 매우 부족하다. 인공지능과 가족에 대한 논의는 가사노동을 대신하는 로봇 시장에 대한 연구우강호, 2001; 남미경, 2010가 있을 뿐이다. 이에 대한 논의가 부진한 이유는 여러 가지가 있겠지만, 원인 가운데 하나는 현대 사회의 말기에 나타나는 가족 와해의 징후를 꼽을 수 있다. 인류의 역사 속에서 가족은 변혁의 요구에도 불구하고 건재해왔으며 새로운 모습으로 재구성되어왔다. 이를 "'가족 해체'나 '가족 사망'이 아니라 '표준

가족'의 해체와 재구성 및 새로운 가족 소통 양식의 출현김종길·박수호, 2010: 174"으로 해석할 수 있다.

통계청의 발표에 의하면, 2000년 1인 가구 비율이 전체 인구의 5.9%를 기록했으며, 2010년에 10%를 넘어섰고, 2015년에는 12.9%를 차지했다. 2020년에는 14.8%, 2030년에는 17.6%, 2040년에는 20%를 넘어설 것으로 예측했다.『강원도민일보』 2016년 8월 3일 자 최근에는 '가족 없는 시대'의 도래에 대한 논의가 대두되기도 한다. 그러므로 현대의 삶이 완전히 변화할 것으로 예측되는 인공지능 시대의 가족에 대한 논의는 활발해지기가 어렵다.

인간다운 삶을 사는 데 가족이 걸림돌이 된다면, 가족을 수호하거나 가족을 중심으로 삶을 이해하고자 하는 것은 무의미할 뿐만 아니라 지양해야 할 바이다. 그런 의미에서 가족은 오늘날 우리가 사용하고 개념화하는 틀을 벗어나야만 하는 혁신을 시대적으로 요구받고 있다.

가족이 지금의 패러다임을 과연 얼마나 벗어날 수 있을 것인지는 다른 차원의 문제가 되겠지만, 시대적인 요구를 인식하고 인공지능 시대 가족이 지향할 바를 논의하는 것은 현재의 시점에서 의미 있는 주제일 것이다. 이에 인공지능 시대의 도래로 인해 변화를 모색해야 하는 가족에게 유교사상이 어떤 지혜를 제공할 수 있을 것인지 그 해답을 모색해보고자 한다.

2. 인공지능 시대와 삶의 변화

인공지능 시대의 삶은 어떻게 변할까? 이에 대한 입장은 긍정적인 측면에서 인공지능 시대에 대한 판타지를 제시하는 쪽과 부정적인 측면에서 인공지능이 지배하는 시대를 살아야 할 것이라는 쪽으로 나뉜다. 먼저 인공지능 시대의 판타지를 예측하는 입장을 살펴보자.

인공지능은 인간의 삶을 더욱 편리하게 바꾸어놓을 것이라는 입장에서 인공지능 시대의 도래는 매우 인간적인 판타지의 실현을 예고한다. 인공지능을 활용한 로봇의 발달은 인간을 노동에서 완전히 해방시킬 것이며, 삶의 모든 영역에서 편리함을 제공해준다. 오늘날 상용화가 실현되고 있는 사물인터넷이 그 실증적인 사례이다. 사물인터넷이 삶의 변화에 미치는 영향은 이미 가시화되어 인간의 삶을 혁신적으로 변화시키고 있다.

시계, 안경, 옷, 이어폰, 가전제품 등 일상생활의 모든 곳에서 사물인터넷은 보다 편리한 삶을 제공하면서 동시에 본래의 기능과 가치를 뛰어넘는 혁신을 선사하고 있다.이진천, 2014: 98 사물인터넷이 적용된 시계는 단순히 시간을 알려주는 기능을 넘어서, 착용하는 순간 건강 상태, 운동량, 휴식의 필요 정도, 집안 구석구석 전기제품을 제어할 수 있는 복합적인 기능을 한다. 이러한 기능이 산업과 연결되어 과학적인 농업이나 유통에 활용되고, 사물인터넷은 인간의 개입 유무와 관계없이 스스로 서비스를 만들고 물리적인 환경에 반응한다.

인공지능을 적용한 온도조절장치를 구체적인 예로 들어보자. 인공지능이 개인의 취향을 정확하게 반영한 목욕물의 온도를 조절해준다. 인공지능 온도조절장치를 냉각 펌프와 라디에이터 사이에 설치한 후 가족 취향을 학습하도록 하면, 가족 한 사람 한 사람이 원하는 수온을 맞춰준다. 이런 일상생활의 변화는 인공지능, 3D프린팅, 가상현실VR 등 새로운 기술들이 생활에 도입됨으로써 새로운 인테리어 기술로 동원되고 있다.『사이언스타임즈』 2016년 8월 1일 자

자동온도조절 장치가 가정생활의 곳곳에 활용되면서, 1인 가구라도 늦은 겨울밤에 귀가하면서 썰렁한 집안 공기에 외로움을 느끼는 일은 경험하기 어렵다. 다리 근력이 약해져서 걷기가 불편한 노인의 다리가 되어주는 로봇이 상용화 단계에 이르렀고, 감정을 인식하는 휴머노이드 로봇이 개발되어 시판되고 있다. 보살핌을 필요로 하는 반려 로봇은 노인들이 스스로를 쓸모 있는 존재로 느끼도록 하는 효과가 있다는 결과가 보고되고 있다.구본권, 2016: 187~190

이와 같이 인공지능이 인간의 편리함을 추구하는 데 기여하고 있

고 인간의 수고를 들어준다면, 인공지능을 활용할 미래의 삶의 변화는 기대해볼 만하다.전흥배, 2015: 17 이러한 입장에는 인간이 인공지능을 활용하는 주도권을 가진다는 것과 인공지능이 절대 이길 수 없는 인간의 능력이 있다『티브이데일리』 2016년 7월 28일 자는 전제가 있다.

다니엘라 루스 MIT 인공지능랩 소장은 『시사저널』과의 인터뷰에서 인간을 대체할 로봇 개발은 쉽지 않다는 주장을 했다.

> 아직은 힘들다. 현재 로봇들은 아주 한정된 논리만 전개할 수 있다. 로봇이 하는 일들은 아주 자세하게 명시된 일을 간단한 프로그램 명령으로 실행하는 수준이다. 로봇이 할 수 있는 일들은 그 컴퓨터 프로그램에 입력되어 있는 명령체계를 벗어날 수 없다. 로봇은 주변 환경에 대한 지각 능력이 매우 떨어지며 그 한계가 명확하다. 우리가 당연히 처리할 수 있다고 생각하는 일들을 수행하지 못한다. 예를 들어 "내가 여기 온 적이 있나?" 같은 간단한 질문에도 로봇은 대답하기 어려워한다. 로봇이 세상과 소통하려면 추론, 학습, 지각, 민첩성 등 여러 요소가 발전해야 한다.
>
> _『시사저널』, 2016년 8월 2일 자

이상과 같은 긍정적인 입장에 반해, 인공지능 시대에 대해 부정적인 입장을 취하는 경우도 많다. 이들은 인공지능은 인간의 삶을 지배할 것이며, 인공지능의 지배로 인간의 설 자리가 없어질 것이라는 두려움을 전파한다. 인공지능이 인간의 삶에 미칠 위험성에 대해선 다양한 해석이 있다. 인공지능이 인간의 직업세계를 재편할 것이라는 전망과 함께 인공지능을 능가하기 위한 인간만의 능력을 개발하지 않으면 인공지능의 지배를 받는 삶을 살 것이라는 입장이다.

스스로 기계와 차별화되는 능력을 갖춰야 합니다. 인간은 정보의 저장, 보관, 이동에 있어서는 도저히 컴퓨터를 따라잡을 수 없습니다. 컴퓨터가 유일하게 할 수 없는 것은 스스로 정보를 삭제하는 일입니다. 언젠가는 인공지능이 그런 능력마저 갖출 수 있을지 모르겠습니다. 그런 세상이 오면 인간은 기계의 노예로 완벽하게 전락하게 될 것입니다.

_한기호, 2016: 1부 인공지능 시대의 인간 중에서

기계의 노예로 전락할 인간의 삶에 대한 경고는 로봇의 진화가 인간의 정보력과 인지력을 넘어설 것에 대한 경계심을 바탕으로 한다. 인공지능이 자본을 지배하게 될 경우 발생할 윤리적인 문제가 제기되기도 한다.

인공지능의 윤리에 있어서는 만약 인공지능 에이전트가 인간과 같거나 그 이상의 지적 능력을 갖춘다면 인간과 같은 윤리적 지위를 지녀야 한다. 그런데 정작 경계해야 할 것은 군사적으로 이용되는 지능적 에이전트가 아니라 자본가 역할을 할 수도 있는 지능적 에이전트다. 현재의 지배-종속 구조가 타파되지 않은 채 인공지능기

술이 지배하는 사회가 도래하는 것이야말로 윤리적으로 큰 문제다.

_이재현, 2016: 12

인공지능 시대에 대한 부정적인 입장은 인간의 노동력을 대체할 로봇을 인간의 일자리를 가로챌 경쟁자로 치부한다. 2015년 4월 영국 옥스퍼드대학 마틴스쿨의 칼 프레이 교수와 마이클 오즈번 교수는 「창의성 대 로봇」이라는 연구보고서를 발표했다. 2010년 직업군 중 47%가 10~20년 안에 컴퓨터 자동화의 영향으로 줄어들거나 사라질 위험에 처했다는 것이 연구의 핵심적인 결과이다. 창의성이 높은 21%의 직업군만 컴퓨터 자동화에도 안전할 것으로 조사되었다. 예술가, 건축가, 웹 디자이너, 정보기술 전문가 등의 직업군이다.구본권, 2016: 142

어떤 직업을 가져야 인공지능 시대에도 안정된 일자리를 가질 수 있을지에 대한 관심은 높아지고 있다. 인공지능의 발달로 노동으로부터 자유로워질 것은 쉽게 예측할 수 있지만, 아이러니하게도 노동의 기회를 잃을 것을 두려워하는 입장이 지배적이다. 현대 문명에서 인간은 노동력을 갖고 일자리가 있는 것에서 정체감과 자존감을 확인한다. 이런 관점에서 볼 때 로봇에 의한 노동 해방은 일자리 상실로 해석될 수 있다.

인공지능 시대에 이르면, 삶의 지각이 변동될 것은 너무나 분명하다. 그럼에도 불구하고 현대 문명의 관점으로 노동하는 인간에게서 그 정체성을 발견하고자 한다면, 인류의 불행과 혼란은 피할 수 없는 현실이 될 것이다. 즉 현대 문명의 한계를 극복할 수 있는 새로운 세계관으로 세상을 인식하고 적극적으로 인공지능 시대를 대처할 방안을 모색해야 한다. 이제 이러한 시대의 변화가 가족에게 어떤 영향을 미칠 것인지를 살펴보자.

3. 인공지능 시대 가족의 변화

인공지능 시대로 일컬어지는 시대상의 변화는 기술적 하부 구조의 변화가 가족의 목표, 가족의 형태, 가족의 역할, 가족 제도 등의 변화를 초래할 것이다. 이러한 영향은 산업혁명 초기에 가족이 겪었던 변화와 같은 혁신의 수준이다. 산업혁명으로 인한 기계의 도입은 이전 시기 대가족 중심의 가족 형태에서 핵가족 중심, 토착적인 농촌 중심의 가족생활에서 유목적인 도시 중심의 삶으로 변화를 초래했다.

그렇다면 인공지능 시대의 도래는 가족에게 어떤 영향을 미칠까? 이에 대해 예측하고 대비하는 것은 인공지능 시대를 맞이야 할 가족사회학의 입장에서 의미 있는 논점이다. 현대 사회의 가족이 직면한 다양한 문제적 상황을 고려하면, 인공지능 시대는 새로운 가족의 출현을 예고하는 물적 기반을 제공해줄 것으로 예측된다.

가족은 자본주의체제라는 현대 사회의 가치와 정면으로 충돌하는 면이 있다. 자본주의체제란 생산수단인 자본을 소유한 자본가가 이

윤을 추구하는 생산 활동을 할 수 있도록 보장하는 사회이다. 자본주의체제는 이윤 추구를 목표로 한다. 반면, 가족이란 자본주의체제와는 정반대인 공산주의체제의 구성 원리가 강하게 작동하는 사랑의 공동체이다.

이런 이유에서 가족은 현대 사회를 지배하는 자본주의체제와 정면으로 충돌한다. 반면, 현대 사회의 가족은 자본주의의 영향으로 인해 원래 가족의 목표와 구성 원리에는 위반하는 자본주의체제의 일부로서 변질되는 특징을 가지고 있다. 즉, 현대 사회의 가족은 사랑의 공동체라는 본질이 약화되면서 자기소외 현상을 겪고 있다. 소외된 가족은 가족 해체와 가족 갈등 등의 문제에 노출된다. 이러한 현대 사회의 가족에게 인공지능 시대라는 물적 기반의 변화는 소외를 극복하고 새로운 가족이라는 기반을 제공해줄 것이다.

인공지능 시대에 가족은 어떤 변화에 직면하게 될까? 인공지능 시대의 가족은 완전히 새로워질 것으로 예측된다. 그만큼 인공지능 시대는 새로운 물적 기반을 인류에게 제공할 것이며, 인류의 삶의 양상은 변화할 수밖에 없다. 인공지능 시대 가족의 변화상을 살펴보기 위해서 먼저 현대 가족의 구성 원리를 진단해보자.

현대 가족은 성과 사랑을 토대로 구성되는 혈연 공동체이며, 가족은 가사노동을 주축으로 하는 삶의 기반을 공유하는 공동체이고, 경제적 협력을 토대로 하는 보살핌의 공동체이다. 인공지능 시대의 물적 기반은 현대 사회 가족의 구성 원리를 넘어서 다음과 같은 가족의 변화를 예고하고 있다.

첫째, 혈연 공동체를 넘어 삶의 가치를 공유하는 집단으로서의 가족의 변화를 예측할 수 있다. 가족은 부부를 중심으로 친족 관계에 있는 사람들의 집단 또는 그 구성원을 지칭하며 혼인, 혈연, 입양 등으로 이루어지는 공동체이다. 이러한 가족의 개념 규정에 의해, 혈연 공동체는 가족의 대명사로 인식되어왔다.

혈연 공동체로서의 가족이라는 관점에서 가족의 변동에 대한 논의는 활발하게 이루어져왔다. 현대 사회에 이르러 일반적으로 전형적인 가족 형태로 인식하고 있는 부모 세대와 자녀를 구성의 근간으로 하는 핵가족의 비중이 오늘날 그리 높지 않은 것으로 나타나고 있고, "직계가족의 형태인 2세대, 3세대 가족은 지속적으로 감소하고 있으며, 1인 가구나 비정형가구는 크게 증가하고 있다."남미경, 2010

최근 한국 사회에서는 1인 가구 비중이 다른 어떤 형태보다 높은 비중을 차지하고 있다. 2016년 9월 7일 통계청이 발표한 '2015 인구주택총조사'에 따르면, 1명으로 구성된 '나 홀로 가구'의 비중이 27.2%로 1위를 차지했다. 그다음으로 2인 가구(26.1%), 3인 가구(21.5%), 4인 가구(18.8%), 5인 이상 가구(6.4%) 순으로 나타났다. 1990년부터 2005년까지 가장 주된 가구 유형은 4인 가구였던 것에 비해서, 2010년 이후에는 2인 가구가 대세를 유지하다가, 2016년에 1인 가구가 그 자리를 차지했다.『뉴스토마토』 2016년 9월 15일 자

여기에 가족을 혈연 공동체라고 단정하기 힘든 면이 있다. 변화된 가족의 현실을 보여주는 1인 가구 증가와 함께 2인 이상 가구의 구성원도 혈연을 바탕으로 한다고 규정하기는 힘들다. 가구란 현실적

으로 주거 및 생계를 같이하는 사람의 집단을 지칭하는데, 이미 오늘날 가구의 구성원도 매우 다양한 관계를 근거로 형성되고 있다.

2006년 개봉한 김태용 감독의 〈가족의 탄생〉이라는 영화는 "'남녀가 사랑하고, 결혼하고, 집안과 집안이 만나고, 새로운 아기가 태어나고'와 같은 일반적인 가족의 탄생 과정과는 거리가 먼, 피 한 방울 안 섞인 사람들의 얽히고설킨 관계"를 다루었다. 이는 현대 가족의 현실을 엿볼 수 있는 주제이며, 오늘날 가족의 다양성이 확대되었다는 점에는 누구나 동의할 것이다.

현재 가족은 시대상의 변화에 따라 혈연 공동체라는 특징을 넘어서 거듭나고 있다. 다양한 형태의 주거 공동체 혹은 공동육아를 위한 생활협동조합 등이 가족의 정서적인 기능을 대체하면서 혈연가족보다 더 친밀한 공동체의식을 공유하기도 한다. 이들에게는 삶의 현실에서 해결해야 할 생활 문제를 공유한다는 현실적인 이유가 있고, 삶의 가치를 공유한다는 공감대가 바탕이 되고 있다.

둘째, 가족의 변화된 양상에서 성과 사랑을 넘어 삶의 도반으로서의 가족관계를 찾아볼 수 있다. 남성과 여성의 이성애적 사랑에 기반을 둔 가족이 갖는 한계는 이혼의 증가로 가시화되고 있다. 현대 가족이 성과 사랑을 토대로 형성된다는 입장에는 낭만적인 성과 사랑이라는 신화의 실현으로 남녀관계를 인식함으로써, 자본주의체제에서 교환과 거래로 전락할 수 있는 결혼에 판타지를 부여하고 결혼제도를 유지하여 사회 안정을 추구하고자 하는 논리가 작동한다.

물론 현대 가족을 부부 중심으로 분석할 때, 성과 사랑은 중요한 요소이며 부부의 성과 사랑이 가족의 구성 원리로서 가지는 의미가 크다. 현대 사회의 가족에서 중심적인 관계는 여전히 부부일 것이다. 오늘날 부부관계에서 드러나는 이상 징후는 성과 사랑의 관계만을 중심에 두기 때문에 발생하는 문제이다. 부부란 성과 사랑의 욕망을 충족하는 대상을 넘어서는 삶의 동반자이며, 수많은 삶의 시련을 함께 헤쳐 나가는 도반의 기능이 있기 때문이다.

성과 사랑의 관계만으로 가족을 인식하기에는 한계가 있다. 인공지능 시대처럼 물적 기반이 확충되는 시기에는 도반으로서의 가족관계가 더욱 긴밀하게 요구된다. 인공지능 시대가 제공해줄 물질적인 풍요와 노동으로부터의 해방은 가족관계에서 어떤 삶을 지향하고 삶의 궁극적인 목표에 도달하는 과정에 함께할 벗이라는 개념이 핵심이 될 것이다.

셋째, 인공지능 시대 가족의 변화는 경제적 협력 집단을 넘어 여가 공동체로서의 가족에서 찾아볼 수 있다. 머독G. P. Murdock의 "가족이란 공동의 거주, 경제적 협력 그리고 생식이라는 특성을 가진 사회집단으로 성관계를 허용받은 남녀와 그들에게서 출생하였거나 양자로 된 자녀로서 구성된다."차선자, 2008: 47라는 고전적인 가족의 정의는 이미 퇴색되기 시작했다.

정보통신기술이 우리의 일상성을 규정하고 지배하면서, 생활기회 life chance와 생활양식life style에서 대변혁이 일어나고,김종길·박수호, 2010: 173 동시에 이러한 변동은 인간의 삶의 중심인 가족구조와 가족생활 양식의 변화로 초래한다. 독신의 증가, 1인 가구의 증가,김연옥, 2016: 140

출산율 감소, 성별을 넘어서는 동거 가구, 편부모 가족의 증가 등 가족의 변화는 가시화되고 있다. 동거 부부, 동성 커플, 대안양육공동체 등 다양한 대안가족의 형태에 대한 법적·제도적 인정을 마련해야 한다차선자, 2008: 69는 연구도 있다.

이러한 변화를 살펴보면, 경제적 협력 집단으로서의 가족은 그 의미가 약화되고 있다. 현재 가족이 그러한 기능을 완전히 상실한 것은 아니며, 다수가 가족을 여전히 경제적 협력 집단으로 인식하고 있는 것은 사실이다. 그럼에도 변화의 징후는 뚜렷이 드러나고 있다. 1인 가구의 비중이 지속적으로 증가한다는 점이 경제적 협력 집단이라는 기능이 약화되고 있음을 반증한다. 물론 경기 침체로 인해 부모에게 의존적인 경제생활을 하는 청년층 증가와 부모 부양이라는 현실을 간과하려는 것은 아니다.

그럼에도 불구하고 가족을 가족답게 하는 구성 원리로 작동하는 주요 요소로서 경제적 협력을 넘어서 여가를 공유하는 공동체의 의미가 강화되고 있다는 점에 주목하자. 리프킨2014은 생산기술의 발전에 의해 한계비용이 제로에 가까운 사회가 도래하고, 협력적 공유사회가 실현될 것이라고 예측하였다.

이러한 사회가 도래하면 기술과 경제가 삶의 중심에 있던 것과는 달리 삶을 어떻게 풍요롭게 만들 것인지, 어떻게 삶을 향유할 것인지가 중심을 차지하게 된다. 이때 가족 또한 경제적 협력 집단이라는 의미는 약화되고, 삶의 중심이 된 여가를 어떻게 잘 즐길 것인가를 도모하는 공동체의 역할을 담당해야 한다. 물론 여기서 말하는 여가는 시간과 삶을 낭비하는 여가를 넘어서는 삶의 본질과 맞닿을 수 있는 여가를 말하는 것이다. 다음에는 유교사상 속에서 인공지능 시대의 가족의 변화상에 대한 지혜를 구체적으로 모색해보자.

4. 유교사상에서 찾는
   인공지능 시대 가족의 비전

(1) 수행의 장으로서의 가족

유교사상에서는 인간다움을 찾고 선한 본성을 실현할 수 있는 삶을 살기 위한 노력을 강조한다. 인간은 누구나 천부적으로 품부 받은 인간다운 본성이 있지만, 저절로 발현되는 것이 아니라 그것이 잘 발현될 수 있도록 수행해야 함을 말하고 있다. 그러므로 유학자들의 삶은 끊임없는 참나를 발견하는 수행의 일상이다.이현지, 2013: 323 유가적 삶의 근본은 자신을 바로 세우고, 도道와 하나가 되는 삶을 성실히 추구하는 것이다. 아래의 구절에 그러한 삶의 요체가 잘 표현되어 있다.

도道란 잠시도 떠날 수 없는 것이니 떠날 수 있으면 도道가 아니다. 그러므로 군자는 그 보지 않는 바에도 경계하여 삼가며 그 듣지 않는 바에도 몹시 두려워한다. 은隱보다 드러남이 없으며 미微보

다 나타남이 없으니, 그러므로 군자는 그 홀로 삼가는 것이다.[1]

참나를 발견하고 본성을 회복하고자 하는 수행은 다른 사람의 눈이 있든 없든 궁구해야 함을 말하고 있다. 자신을 바로 세우는 수행은 스스로를 좋은 세상으로 만드는 것에 그치는 것이 아니라, 이 세상을 좋은 세상으로 만드는 것으로 확산된다. 이때 유가적 삶의 참나를 발견하는 출발점은 일상생활이었으며, 그것은 바로 가족이었다.

유교사상의 핵심 이념인 수신제가치국평천하修身齊家治國平天下는 그런 관점을 잘 보여준다. 수행을 통해서 인仁한 본성을 발현하면 행복한 존재, 즉 사랑의 존재가 된다. 그런 사랑의 존재는 자기가 속한 공동체와 세상을 좋은 세상으로 만들 수 있다.이현지, 2015b: 479 유교사상은 일상생활의 모든 영역에서의 수행을 강조하며, 일상생활의 모든 장이 수행처로 활용될 수 있다고 한다.

유교에서 가장 중요한 수행처는 가족생활의 장이다. 부자관계나 부부관계의 모든 일상들이 수행을 위한 중요한 장이 된다. 특히 자녀들에게 있어서 부모에게 효를 다하는 것은 가장 중요한 수행의 영역이 된다. 효의 수행은 자녀의 마음속에 인仁을 발현시키는 중요한 수행처가 되며, 이는 결과적으로 부모를 행복하게 하여, 가족이라는 중요한 삶의 영역을 탈현대 사회로 바꾸어가게 한다.홍승표, 2015: 199

수행의 장으로서의 가족은 자신의 본성을 발견하는 장場이라는 새로운 가족관계의 목표를 말한다. 전현대 사회의 가족은 '가족이라는 공동체의 유지와 사회체제에 기능적으로 적응하는 것'을 목표로 했고, 현대 사회의 가족은 '개인의 욕망이나 욕구 충족에 기여할 수 있는 가족생활을 영위하는 것'을 목표로 한 것과 구별된다.이현지, 2009: 133

수행의 장으로서의 가족에 대한 유교사상의 지혜는 현대 가족의 한계를 극복하고, 인공지능 시대의 변화된 사회구조에 부합할 수 있는 대안으로서 의미를 가진다. 물론 인공지능 시대가 본격화될 때, 인류가 무엇을 가족관계의 목표로 삼을지에 대해 단언하기는 쉽지 않다. 다만 유교사상의 지혜를 추구하는 것이 하나의 대안이 될 것이라는 점을 제안할 수 있다.

(2) 도반으로서의 가족관계

도반道伴은 불교에서 함께 도道를 닦는 벗을 말한다. 여기서는 수행을 통해서 삶의 도에 다가가고자 하는 가족관계를 도반이라 지칭하며, 유교사상에 나타나는 그러한 특징에 주목하고자 한다. 물론 전통적으로 유교사회에서 부부관계와 부모자녀관계는 권위적인 위계질서가 지배적으로 드러나는 관계로 설명되어왔다. 유교사회에서는 가족관계의 권위적인 위계질서를 쉽게 발견할 수 있다. 그로 인한 관계의 폐단과 문제점을 간과하려는 것은 아니다.

단, 사회질서를 유지하기 위해서 세속화된 유교사회를 대상으로 분석할 때 드러나는 한계는 유교사상 본래의 이념과는 구분할 필요가 있다. 유교사상에서 가족관계의 핵심적인 요체는 『중용中庸』의 오륜五倫에 잘 나타나 있다.

> 맹자가 이르기를, 아버지와 자식은 친함이 있어야 하며, 임금과 신하는 의로움이 있어야 하고, 지아비와 부인은 구별이 있어야 하며, 어른과 아이는 순서가 있어야 하고, 친구 사이에는 믿음이 있어야 한다.[2]

위 구절은 봉건적 질서를 유지하는 강령으로 활용되었기 때문에 여기서 지혜를 찾으려는 시도는 부정적인 편견으로부터 자유롭기가 어려울 듯하다. 그럼에도 불구하고 본래의 의미를 다시 새겨서 유교사상의 관계관에 대한 의미를 탐색함으로써 편견을 바로잡고 미래에 활용할 지혜를 발굴해보자.

『중용』의 구절을 보면, 인간관계의 다섯 가지 유형에서 지켜야 할 근본을 다루고 있다. 가족관계와 관련된 덕목에서는 부자유친과 부부유별을 말한다. 부자유친이란 부모는 자녀에게 사랑으로 대하고 자녀는 부모를 존경으로 섬겨야 함을 말한다. 부부유별은 서로 공경해야 함을 강조한다. 그 이유는 그만큼 부자관계에서 부모는 진정한 사랑으로 자녀를 대하기 어렵고 자녀는 부모를 존경으로 섬기기가 어렵기 때문이다.

일반적으로 부모의 자녀에 대한 사랑은 자연스럽다고 생각하기 때문에 의문을 제기할 수도 있다. 하지만 유교사상에 비추어 보자면 현대 사회에서 부모가 자녀를 사랑한다는 것은 진정한 사랑이 아니라는 것이다. 부모는 자녀를 자신의 소유물로 생각하거나 자기 자신과 동일시하여 자신이 옳다고 생각하는 방법으로 양육하려고 한다. 이때 유일한 교육적 방법은 자신이 바른 삶을 사는 본本이 되는 것임에도 불구하고, 자신의 삶은 잘 돌보지 않은 채 자녀의 삶의 방향만 잡아주려는 경향이 드러난다.

자녀가 부모를 따르고 사랑하는 것은 쉬운 것 같지만 진심으로 존경하고 섬기는 것은 실천하기 매우 어렵다. 그래서 유가사상에서 부자유친을 강조해야 했을 것이다.

마찬가지의 원리가 부부유별에도 적용된다. 부부관계에서 가장 핵심은 서로에게 예禮를 지키는 것이다. 예가 무너진 부부관계는 쉽게 파괴될 수밖에 없다. 하지만 현대 사회의 부부관계는 성과 사랑의 관계가 중심에 놓임으로써 자신을 욕망을 충족시킬 수 있는지에 초점을 맞추게 되고, 인간 대 인간으로서 지켜야 할 예는 붕괴되는 위기에 노출되어 있다.

부자유친과 부부유별은 궁극적으로는 유교의 이상적인 삶을 지향하고 그것을 향해서 나아가는 도반으로서의 가족관계에서 실현된다. 부모가 자녀를 사랑하는 것, 자녀가 부모를 존경하고 섬기는 것, 부부가 서로 공경하는 것은 유교적 이상을 실현하는 각자의 자리에서 주어진 역할을 수행하는 것이기 때문이다.

(3) 여가 공동체로서의 가족생활

유교사상은 경제적 삶의 중요성을 간과하지 않으며, 인간의 욕망을 충족하는 것에 대해 배타적이지 않다. 다만 그 욕망에 지배당하지 않기 위한 절제와 중용의 도를 강조하고 있다. 유교사상은 가족관계에서 개아個我의 존재적 차원의 가치를 발견하고 그것이 가족생활이 원만하게 영위되고 더 좋은 세상을 만드는 것으로 영향을 미치는 것에 주목한다. 다시 말해서, 얼마나 많은 부를 획득하느냐보다는 획득한 부를 어떻게 분배하고 나누느냐에 관심을 기울인다.이현지, 2015a: 135 따라서 유교사상은 경제적인 풍요와 물질적인 안정을 추구하지만 한편으로 노예로서의 삶을 지양하는 이상적인 사회상을 제시하고 있다. 『논어』의 다음 구절을 보자.

내가 듣기를 나라와 가정을 다스리는 사람은 백성이 적은 것을 근심하지 말고 고르지 못한 것을 근심해야 한다고 한다. 가난한 것을 근심하지 말고 편하지 않은 것을 근심해야 한다고 한다. 고르면 가난하지 않을 것이고, 화목하면 백성이 적지 않을 것이며, 편하면 다투지 않을 것이고, 문덕文德을 닦음으로써 저절로 오게 할 것이며, 이미 오면 편하게 해주어야 한다.[3]

춘추전국 시대와 인공지능 시대는 물질적인 풍요로움의 정도는 차이가 크지만, 유교사상에서 말하는 경제관은 여전히 시대를 관통하여 의미를 가질 것이다. 이러한 경제관은 인공지능 시대의 가족에도 그대로 적용할 수 있다. 경제적 협력 집단이라는 의미를 가지던 현대 가족에게 삶의 중심은 노동을 통한 경제적 활동과 가족 구성원 간의 경제적 협력이었다. 이와 달리 인공지능 시대의 가족에게 삶의 중심은 노동으로부터 해방된 이후의 여가 공유가 될 것이다.

인공지능 시대의 가족은 여가 공동체로서 시대적 역할이 변화되었음을 인식하고, 더 이상 현대 문명에서 가족에게 주어진 경제적 협력 집단의 역할에 고착해서는 안 된다. 이때 위의 『논어』 구절에서 알 수 있듯이 물질적인 풍요를 추구하는 삶과 잘 사는 삶에 대한 유교적 관점이 지혜를 제공해줄 것이다.

유교적 삶의 지향을 통해서 우리는 유교사상이 수행과 낙도의 삶에 대한 비전을 제시하고 있음을 발견할 수 있다. 잘 사는 삶이 무엇인가를 묻는다면, 유교사상가들은 인간 본성을 발견하기 위한 삶을 추구하고, 그 삶을 있는 그대로 낙도樂道하는 것이라고 답할 것이다. 그들은 자신의 일상을 수행의 대상으로 삼고, 일상 속에서 도를 즐기는 경지를 추구했다.

> 도를 아는 자가 좋아하는 자만 못하고 좋아하는 자가 즐기는 자만 못하다.[4]

이것은 공자가 말하는 진정한 낙도의 경지이다. 자신의 삶에서 도를 알고자 부단히 수행하고, 그것을 즐기는 삶을 이상적인 삶이라 말한다. 유교사상의 수행과 낙도의 삶은 여가 시간이 삶의 대부분을 차지하게 될 인공지능 시대의 가족에게 여가 공동체로서 어떤 삶을 살아야 할 것인가에 대한 지혜를 전해준다.

5. 현대 가족을 넘어서

우리는 인공지능 시대에 가족이 어떻게 변화할지를 이야기했다. 가족이 어떻게 탈바꿈할 것인가는 인류가 인공지능 시대에 어떻게 대처할 것인가와 직결된다. 인공지능 시대를 맞이하는 인류는 어떤 선택을 할 것인가. 인공지능 시대를 인식하는 현대의 관점은 매우 편협하다. 인공지능 시대의 도래로 인한 인류의 삶의 변화를 여전히 현대적인 관점에서 인식하고, 인공지능이 인류의 일자리와 기득권을 빼앗아갈 것에 대한 불안으로 가득하다.

물론 인공지능은 인류의 삶에 깊이 개입할 것이고 변화를 초래할 것이며, 그 결과가 현대인이 예측하는 부정적인 측면으로 드러날 수도 있다. 그러나 여기서 환기해야 할 점은 인공지능 시대를 현대의 연장으로 봐서는 안 된다는 것이다. 어쩌면 현대 사회의 연장이 되지 않도록 인류가 선택해야 한다는 것이 더 현실적인 입장일 것이다.

인공지능 시대는 새로운 문명의 전환을 수반할 것이다. 현대 사회를 지배하는 현대 문명의 틀로는 인공지능 시대의 변화에 지혜롭게 대처할 수 없다. 가족의 경우도 현대의 틀을 벗어나서 새로운 가족관, 가족관계, 가족역할 등을 기획해야만 한다. 인공지능 시대의 도래로 인해 노동으로부터 자유를 얻게 될 인류가 노동하는 존재로서의 자신에게서 정체감을 확인하려는 낡은 문명관에 얽매인다면 진정한 삶의 의미를 찾지 못할 것이다.

우리는 유교사상이 내포하는 수행의 장으로서의 가족, 도반으로서의 가족관계, 여가 공동체로서의 가족생활 등의 지혜를 통해서 인공지능 시대 가족의 비전을 찾아보았다. 가족이 가지고 있는 혈연집단과 세대 재생산 기능 등 현재적인 개념의 한계를 인정하면서도 인류 행복의 중요한 요소에 의무나 강제가 아닌 선택적인 가족과 유사한 공동체가 여전히 의미를 가지지 않을까 예측한다.

그런 맥락에서 그 공동체를 가족이라고 지칭하지 않더라도, 수행의 장이 되고 도반으로서의 관계를 형성할 것이며 여가를 공유하는 공동체가 될 것이라고 추측해본다. 즉, 인공지능 시대의 물적 토대는 인간이 본성을 발견하고 참나를 회복할 수 있는 기회를 제공해주는 새로운 시대가 될 수 있다. 그러한 시대에 이르면, 인류는 현대의 파국으로 이 세상을 내몰지 않고, 현대를 극복하는 새로운 문명을 선택하고 변화를 추구해야 할 것이다.

이러한 인공지능 시대는 인간 중심의 관점을 극복할 수 있는 새로운 시대를 열어줄 것이며,이봉재, 2005: 95 우주의 모든 것이 중심이 되는, 다시 말하자면 우주의 모든 것이 중심에서 벗어나는 시대가 될 것이다. 현재의 상상력으로는 예측할 수 없는 변화상이 불안의 요소로 작용하고 있다. 그런 불안감은 인간이 상상하는 미래사회의 모습을 보여주는 공상과학 영화의 결말이 어둡게 그려지는 것으로 드러나기도 한다. 하지만 여전히 선택은 인류에게 달려 있다. 이것은 인간 중심의 관점에서 인공지능을 활용하자는 의미가 아니다. 인공지능이 어디까지 진화하고 인간의 삶을 변형시킬지는 쉽게 예측할 수 없지만, 이러한 변화에 어떻게 대처하고 어느 방향으로 미래를 설계할지 그 선택이 인류에게 달려 있다는 점은 분명하다.

1. 『中庸』, 1장, "道也者, 不可須臾離也, 可離, 非道也. 是故君子戒愼乎其所不睹, 恐懼乎其所不聞. 莫見乎隱, 莫顯乎微, 故君子愼其獨也."
2. 『中庸』, "孟子所謂父子有親, 君臣有義, 夫婦有別, 長幼有序, 朋友有信."
3. 『論語』, 「季氏」, "求! 君子疾夫舍曰欲之而必爲之辭. 丘也聞有國有家者, 不患寡而患不均, 不患貧而患不安. 蓋均無貧, 和無寡, 安無傾. 夫如是, 故遠人不服, 則脩文德以來之. 旣來之, 則安之."
4. 『論語』, 「雍也」, "知之者不如好之者 好之者不如樂之者."

참고문헌

『南冥先生文集』.
『南冥集』.
『論語』.
『大學』.
『道德經』.
『論語古今註』.
『孟子』.
『經書』.
『栗谷全書』.
『中庸』.
『太祖實錄』.
『退溪全書』.
『베스트 성경』(1995), 성서교재간행사.

구본권(2015), 『로봇시대, 인간의 일: 인공지능 시대를 살아가야 할 이들을 위한 안내서』, 어크로스.
김연옥(2016), 「1인 가구 시대의 도래: 특성과 생활실태」, 『한국가족복지학』 52: 139-166.
김종길·박수호(2010), 「디지털시대의 '가족혁명': 신화인가 현실인가?」, 『사회와 이론』 38: 143-177.
김주온(2016), 「황당공약이라고? 당선공약 될 걸」, 『시사 인』 9(3), 제468호.
김진편(2003), 『너 자신을 혁명하라』, 오늘의책.
김혜영(2008), 「한국가족의 다양성 증가와 그 이중적 함의」, 『아시아여성연구』 47권(2): 7-37.
남미경(2010), 「국내외 인공지능형 로봇 개발 및 시장 현황 연구-인공지능형 로봇청소기 사례를 중심으로」, 『한국디자인문화학회지』 16(2): 198-207.
다윈(C. R. Darwin)(2013), 『종의 기원』, 송철용 옮김, 동서문화사.
다치바나 다카시(2003), 윤대석 옮김, 『임사체험』(상), 청어람미디어.
데이비드 호킨스(1997), 『의식혁명』, 이종수 옮김, 한문화.
데이비드 호킨스(2013), 『놓아버림』, 박찬준 옮김, 판미동.
도미니크 슈나페르(2001), 『노동의 종말에 반하여』, 김교신 옮김, 동문선.

리프킨(J. Rifikin)(2003),『노동의 종말』, 이영호 옮김, 민음사.
리프킨(J. Rifikin)(2004),『소유의 종말』, 이희재 옮김, 민음사.
리프킨(J. Rifikin)(2012),『제3차 산업혁명』, 안진환 옮김, 민음사.
리프킨(J. Rifikin)(2014),『한계비용 제로 사회』, 안진환 옮김, 민음사.
마르쿠제(H. Marcuse)(2004),『에로스와 문명』, 김인환 옮김, 나남.
마하리쉬 파탄잘리(2012),『요가수트라』, 박지명·이서경 주해, 동문선.
맬서스(T. Malthus)(2016),『인구론』, 이서행 옮김, 동서문화사.
바이런 케이티(2014),『기쁨의 천 가지 이름』, 김윤 옮김, 침묵의 향기.
사르트르(J. P. Sartre)(2009),『존재와 무』, 정소정 옮김, 동서문화사.
스즈끼 다이세츠(鈴木大拙)(1998),『가르침과 배움의 현상학―선문답』, 서명석·김종구 옮김, 경서원.
아디야 샨티(2015),『깨어남에서 깨달음까지-영적 여정의 굴곡을 지혜롭게 넘어가기』, 정성채 옮김, 정신세계사.
아잔 브라흐마(2012),『성난 물소 놓아주기』, 김훈 옮김, 공감의 기쁨.
아잔 브라흐마(2014),『술 취한 코끼리 길들이기』, 류시화 옮김, 연금술사.
안정복(1991),『下學指南』, 이채구 옮김, 신성문화사.
알마스(2015),『늘 펼쳐지는 지금』, 박인수 옮김, 김영사.
에리히 프롬(2016),『나는 왜 무기력을 되풀이하는가』, 2016, 장혜경 옮김, 나무생각.
에마뉘엘 레비나스(2003),『존재에서 존재자로』, 서동욱 옮김, 민음사.
에머슨(R. W. Emerson)(1973),『에머슨 隨想錄』, 이창배 옮김, 서문당.
에크하르트 톨레(2008),『지금 이 순간을 살아라』, 노혜숙·유영일 옮김, ㈜양문.
에크하르트 톨레(2012),『NOW』, 류시화 옮김, 조화로운 삶.
에크하르트(M. Eckhart)(1994),『마이스터 에크하르트 1』, 이민재 옮김, 다산글방.
앤소니 드 멜로(2012),『개구리의 기도 1』, 이미림 옮김, 분도출판사.
앤소니 드 멜로(2013),『행복하기란 얼마나 쉬운가』, 이현주 옮김, 샨티.
와츠(Alan Watts)(2001),『자신이 누구인지를 아는 것을 막는 터부에 관한 책』, 진우기·신진욱 옮김, 부디스트웹닷컴.
우강호(2001),「고령화 시대를 대비한 Network robot 'doumi'의 디자인에 관한 연구: 가정용 로봇을 중심으로」, 홍익대학교 석사학위논문(미간행).
유발 하라리(2015),『사피엔스』, 조현욱 옮김, 김영사.
유승무(2009),「좋은 노동을 위한 발상의 전환」, 동양사회사상학회 2009 기획학술대회 발표 논문집.
유준영(1990),「한국전통건축의 기호학적 해석-華陰洞精舍를 중심으로」,『미술사학』, Vol 2.
이민화·이상욱(2016),『가상현실을 말한다』, 클라우드북스.

이봉재(2005), 「인공지능과 인간중심주의-인공지능의 연구방법론에 대한 철학적 해석」, 『대동철학』 31: 81-98.
이재현(2016), 「인공지능에 관한 비판적 스케치」, 『마르크스주의 연구』 13(3): 12-43.
이종태(2016), 「판도라의 상자 기본소득」, 『시사 인』 제468호.
이진천(2014), 「생활 속에 자리 잡고 있는 사물 인터넷(IoT)」, 『설비저널』 제43권 제9호: 98-99.
이평래(1992), 「如來藏思想 形成의 歷史的 考察」, 『佛教學報』 29: 445-470.
이현지(2009), 「『주역』과 행복한 가족론」, 『동양사회사상』 20: 129-154.
이현지(2013), 「儒家的 삶의 脫現代的 含意」, 『유교사상문화연구』 54: 317-338.
이현지(2015a), 「율곡 사상의 탈현대적 함의」, 『율곡학연구』 30: 119-142.
이현지(2015b), 「공자 마음공부의 탈현대적 함의」, 『철학논총』 82(4): 476-497.
장 바니에(2010), 『인간되기』, 제병영 옮김, 다른우리.
장회익 외(2011), 『생태적 삶을 추구하는 영성』, 한국교회환경연구소 엮음, 동연.
잭 콘필드(2011), 『깨달음 이후의 빨랫감』, 이균형 옮김, 한문화.
전홍배(2015), 「사물인터넷 기술의 개념, 특징 및 전망」, 『Entrue Journal of Information Technology』 14권 1호: 7-19.
정순우(2007), 『공부의 발견』, 현암사.
정인석(2009), 『트랜스퍼스널 심리학』, 대왕사.
정재걸 외(2014), 『동양사상과 마음교육』, 살림터.
정재걸 외(2014), 『주역과 탈현대 제1권, 제2권』, 문사철.
정재걸(2006), 「『논어』와 탈근대교육의 설계」, 『동양사회사상』 제14집.
정재걸(2010a), 「탈현대 사회와 교육에서의 종교성 회복」, 『교육철학』 제42집.
정재걸(2010b), 『삶의 완성을 위한 죽음교육』, 방송통신대출판부.
정재걸(2010c), 『오래된 미래교육』, 살림터.
제롬 글렌(2016), 『유엔 보고서 2050』, 박영숙 옮김, 알못의 음영책
조엘 스프링(2001), 『머리 속의 수레바퀴』, 조종인·김희용 옮김, 양서원.
조영철(2016). 「기본소득제도, 한국에 적용하려면」, 『다산포럼』 제825호.
존스톤(W. Johnston)(1993), 『禪과 기독교 신비주의』, 이원석 옮김, 대원정사.
주교회의 성서위원회(2005), 『성경』, 한국천주교중앙협의회.
지승도(2015), 『인공지능, 붓다를 꿈꾸다』, 운주사.
진래(2003), 『양명철학』, 전병욱 옮김, 예문서원.
차선자(2008), 「새로운 가족문화를 위한 가족정책: 대안가족 구성을 중심으로」, 『아시아여성연구』 47(2): 39-72.
차영화(2016), 「뇌과학 시대와 인지사회학-체화된 인지를 중심으로」, 한국사회학회 2016년 전기 사회학대회: 622-627.

캔 윌버(2015), 『무경계』, 김철수 옮김, 정신세계사.
케빈 켈리(C. Kelly)(2017), 『인에비터블 미래의 정체』, 이한음 옮김, 청림출판.
클라우스 슈밥(2016), 『제4차 산업혁명』, 송경진 옮김, 새로운 현재.
타라 브랙(2013), 『받아들임』, 김선주·김정호 옮김, 불광출판사.
타라 브랙(2014), 『삶에서 깨어나기』, 윤서인 옮김, 불광출판사.
툴쿠 톤둡(2002), 『티베트 명상법』, 이현주 옮김, 두레.
프로이트(S. Freud)(2003), 『문명 속의 불만』, 김석희 옮김, 열린책들.
한기호(2016), 『인공지능 시대의 삶』, 어른의 시간.
한병철(2014), 『시간의 향기』, 김태환 옮김, 문학과지성사.
한자경(2002), 『일심의 철학』, 서광사.
한재오·윤영활(2005), 「水石景觀에 기초한 華陰洞精舍의 공간 특성」, 『조형예술연구 논문집』 제6집.
허창수·정용교(2003), 「역사 속에서 바라본 노동개념의 변화」, 도서출판 영한.
헤겔(G. W. F. Hegel)(2005), 『정신현상학』, 임석진 옮김, 한길사.
헬레나 노르베리-호지(Helena Norberg-Hodge)(1996), 『오래된 미래』, 김종철·김태언 옮김, 녹색평론사.
홍승표(2005), 『동양사상과 탈현대』, 예문서원.
홍승표(2007), 『노인혁명』, 예문서원.
홍승표(2009), 「통일체적 세계관과 인간적 노동의 구현」, 동양사회사상학회 2009 기획학술 대회 발표 논문집.
홍승표(2011), 『동양사상과 탈현대적 삶』, 계명대학교출판부.
홍승표(2015), 「유교 마음공부의 탈현대적 함의」, 『한국학논집』 60: 189-208.

『뉴스토마토』(2016년 9월 15일 자), 「(통계 쏙 경제) '520만 1인 가구'가 대세… 우리나라 가구형태 대변화」.
『동아사이언스』(2016년 8월 2일 자), 「바둑의 역사를 다시 쓴 몬테카를로 방법-알파고가 인간을 이긴 원동력 바로 이것!」.
『문화일보』(2016년 10월 11일 자), 「〈'4차 산업혁명'에 미래 달렸다〉 로봇이 일자리 대체… "한국도 직업 50% 사라질 가능성"」.
『시사저널』(2016년 8월 2일 자), 「집집마다 가정용 로봇을 보급하는 꿈 꾼다」.
『사이언스타임즈』(2012년 12월 4일 자), 「로봇, 24시간 심리상담 주역으로」.
『사이언스타임즈』(2014년 9월 25일 자), 「모든 로봇의 두뇌가 될 '로보브레인'」.
『사이언스타임즈』(2015년 6월 24일 자), 「사람처럼 느끼는 '감성센서' 시대」.
『사이언스타임즈』(2016년 3월 28일 자), 「악당 로봇 MS 채팅봇의 한계」.
『사이언스타임즈』(2016년 3월 31일 자), 「MS 모든 것에 지능을… 앱은 가고 AI 시대

왔다」.

『사이언스타임즈』(2016년 7월 29일 자), 「로봇에게 유산 주는 시대 온다」.

『사이언스타임즈』(2016년 8월 1일 자), 「신기술이 집안 풍경 바꾼다」.

『사이언스타임즈』(2016년 12월 14일 자). 「로봇으로 인한 사회격차 심화될 것」.

『이데일리』(2016년 8월 2일 자), 「김재범 카카오 미디어처리 파트장 '카카오톡, 인공지능 플랫폼' 될 것」.

『티브이데일리』(2016년 7월 28일 자), 「'어쩌다 어른' 김경일 교수-인공지능이 절대 이길 수 없는 인간의 능력 있다」.

『한겨레』(2017년 1월 3일 자), 「무인매장·무인공장·무인운전… 노동자가 사라진다」.

『Chosun Biz』(2017년 2월 28일 자), 「손정의 소프트뱅크 회장, 30년 안에 IQ 1만 '슈퍼지능' 시대 온다」.

晦山戒顯(1993), 『禪門鍛鍊說』, 然觀 역주, 불광출판사.
朱熹, 『朱子語類』, 黎靖德(編), 王星賢(點校), 1994, 中華書局.
小倉紀藏(1998), 『韓國は 一個の 哲學である』, 講談社.

Fritjof Capra, 『The Turning Point』, 1992, N. Y.: Simon & Schuster.

삶의 행복을 꿈꾸는 교육은 어디에서 오는가?

미래 100년을 향한 새로운 교육

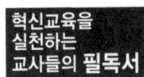
혁신교육을 실천하는 교사들의 필독서

▶ **교육혁명을 앞당기는 배움책 이야기**
혁신교육의 철학과 잉걸진 미래를 만나다!

핀란드 교육혁명
한국교육연구네트워크 총서 01 | 320쪽 | 값 15,000원

일제고사를 넘어서
한국교육연구네트워크 총서 02 | 284쪽 | 값 13,000원

새로운 사회를 여는 교육혁명
한국교육연구네트워크 총서 03 | 380쪽 | 값 17,000원

교장제도 혁명
한국교육연구네트워크 총서 04 | 268쪽 | 값 14,000원

새로운 사회를 여는 교육자치 혁명
한국교육연구네트워크 총서 05 | 312쪽 | 값 15,000원

혁신학교에 대한 교육학적 성찰
한국교육연구네트워크 총서 06 | 308쪽 | 값 15,000원

혁신학교
성열관·이순철 지음 | 224쪽 | 값 12,000원

행복한 혁신학교 만들기
초등교육과정연구모임 지음 | 264쪽 | 값 13,000원

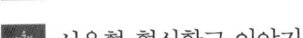

서울형 혁신학교 이야기
이부영 지음 | 320쪽 | 값 15,000원

혁신교육, 철학을 만나다
브렌트 데이비스·데니스 수마라 지음
현인철·서용선 옮김 | 304쪽 | 값 15,000원

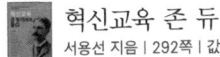
혁신교육 존 듀이에게 묻다
서용선 지음 | 292쪽 | 값 14,000원

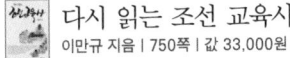
다시 읽는 조선 교육사
이만규 지음 | 750쪽 | 값 33,000원

학교를 개선하는 교장
지속가능한 학교 혁신을 위한 실천 전략
마이클 폴란 지음 | 서동연·정효준 옮김 | 216쪽 | 값 13,000원

프레이리와 교육
한국교육연구네트워크 번역 총서 01
존 엘리아스 지음 | 한국교육연구네트워크 옮김
276쪽 | 값 14,000원

교육은 사회를 바꿀 수 있을까?
한국교육연구네트워크 번역 총서 02
마이클 애플 지음 | 강희룡·김선우·박원순·이형빈 옮김
352쪽 | 값 16,000원

비판적 페다고지는 세상을 변화시킬 수 있는가?
한국교육연구네트워크 번역 총서 03
Seewha Cho 지음 | 심성보·조시화 옮김 | 280쪽 | 값 14,000원

마이클 애플의 민주학교
한국교육연구네트워크 번역 총서 04
마이클 애플·제임스 빈 엮음 | 강희룡 옮김 | 276쪽 | 값 14,000원

미래교육의 열쇠, 창의적 문화교육
심광현·노명우·강정석 지음 | 368쪽 | 값 16,000원

대한민국 교사, 어떻게 가르칠 것인가?
윤성관 지음 | 320쪽 | 값 15,000원

아이들을 어떻게 가르칠 것인가
사토 마나부 지음 | 박찬영 옮김 | 232쪽 | 값 13,000원

아이들의 배움은 어떻게 깊어지는가
이시이 준지 지음 | 방지현·이창희 옮김 | 200쪽 | 값 11,000원

모두를 위한 국제이해교육
한국국제이해교육학회 지음 | 364쪽 | 값 16,000원
2015 세종도서 학술부문

경쟁을 넘어 발달 교육으로
현광일 지음 | 288쪽 | 값 14,000원

독일 교육, 왜 강한가?
박성희 지음 | 324쪽 | 값 15,000원

21세기 교육과 민주주의
한국교육연구네트워크 번역 총서 05
넬 나딩스 지음 | 심성보 옮김 | 392쪽 | 값 18,000원
2016 세종도서 학술부문

대한민국 교육혁명
교육혁명공동행동 연구위원회 지음 | 224쪽 | 값 12,000원

▶ 비고츠키 선집 시리즈
발달과 협력의 교육학 어떻게 읽을 것인가?

생각과 말
레프 세묘노비치 비고츠키 지음
배희철·김용호·D. 켈로그 옮김 | 690쪽 | 값 33,000원

도구와 기호
비고츠키·루리야 지음 | 비고츠키 연구회 옮김
336쪽 | 값 16,000원

어린이 자기행동숙달의 역사와 발달 I
L.S. 비고츠키 지음 | 비고츠키 연구회 옮김
564쪽 | 값 28,000원

어린이 자기행동숙달의 역사와 발달 II
L.S. 비고츠키 지음 | 비고츠키 연구회 옮김
552쪽 | 값 28,000원

어린이의 상상과 창조
L.S. 비고츠키 지음 | 비고츠키 연구회 옮김
280쪽 | 값 15,000원

연령과 위기
L.S. 비고츠키 지음 | 비고츠키 연구회 옮김
336쪽 | 값 17,000원

성장과 분화
L.S. 비고츠키 지음 | 비고츠키 연구회 옮김
308쪽 | 값 15,000원

의식과 숙달
L.S 비고츠키 | 비고츠키 연구회 옮김
348쪽 | 값 17,000원

관계의 교육학, 비고츠키
진보교육연구소 비고츠키교육학실천연구모임 지음
300쪽 | 값 15,000원

비고츠키 생각과 말 쉽게 읽기
진보교육연구소 비고츠키교육학실천연구모임 지음
316쪽 | 값 15,000원

비고츠키와 인지 발달의 비밀
A.R. 루리야 지음 | 배희철 옮김 | 280쪽 | 값 15,000원

수업과 수업 사이
비고츠키 연구회 지음 | 196쪽 | 값 12,000원

▶ 창의적인 협력수업을 지향하는 삶이 있는 국어 교실
우리말 글을 배우며 세상을 배운다

중학교 국어 수업 어떻게 할 것인가?
김미경 지음 | 340쪽 | 값 15,000원

토론의 숲에서 나를 만나다
명혜정 엮음 | 312쪽 | 값 15,000원

토닥토닥 토론해요
명혜정·이명선·조선미 엮음 | 288쪽 | 값 15,000원

어린이와 시
오인태 지음 | 192쪽 | 값 12,000원

이야기 꽃 1
박용성 엮어 지음 | 276쪽 | 값 9,800원

이야기 꽃 2
박용성 엮어 지음 | 294쪽 | 값 13,000원

인문학의 숲을 거니는 토론 수업
순천국어교사모임 엮음 | 308쪽 | 값 15,000원

수업, 슬로리딩과 함께
박경숙·강슬기·김정욱·장소현·강민정·전혜림·이혜민 지음
268쪽 | 값 15,000원

▶ 평화샘 프로젝트 매뉴얼 시리즈
학교 폭력에 대한 근본적인 예방과 대책을 찾는다

학교 폭력 어떻게 만들어지는가
문재현 외 지음 | 300쪽 | 값 14,000원

학교 폭력, 멈춰!
문재현 외 지음 | 348쪽 | 값 15,000원

왕따, 이렇게 해결할 수 있다
문재현 외 지음 | 236쪽 | 값 12,000원

젊은 부모를 위한 백만 년의 육아 슬기
문재현 지음 | 248쪽 | 값 13,000원

아이들을 살리는 동네
문재현·신동명·김수동 지음 | 204쪽 | 값 10,000원

평화! 행복한 학교의 시작
문재현 외 지음 | 252쪽 | 값 12,000원

마을에 배움의 길이 있다
문재현 지음 | 208쪽 | 값 10,000원

▶ 4·16, 질문이 있는 교실 마주이야기
통합수업으로 혁신교육과정을 재구성하다!

통하는 공부
김태호·김형우·이경석·심우근·허진만 지음
324쪽 | 값 15,000원

내일 수업 어떻게 하지?
아이함께 지음 | 300쪽 | 값 15,000원
2015 세종도서 교양부문

인간 회복의 교육
성래운 지음 | 260쪽 | 값 13,000원

교과서 너머 교육과정 마주하기
이윤미 외 지음 | 368쪽 | 값 17,000원

수업 고수들 수업·교육과정·평가를 말하다
박현숙 외 지음 | 368쪽 | 값 17,000원

도덕 수업, 책으로 묻고 윤리로 답하다
울산도덕교사모임 지음 | 320쪽 | 값 15,000원

체육 교사, 수업을 말하다
전용진 지음 | 304쪽 | 값 15,000원

교실을 위한 프레이리
아이러 쇼어 엮음 | 사람대사람 옮김 | 412쪽 | 값 18,000원

마을교육공동체란 무엇인가?
서용선 외 지음 | 360쪽 | 값 17,000원

학교생활기록부를 디자인하라
박용성 지음 | 268쪽 | 값 14,000원

교사, 학교를 바꾸다
정진화 지음 | 372쪽 | 값 17,000원

함께 배움
학생 주도 배움 중심 수업 이렇게 한다
니시카와 준 지음 | 백경석 옮김 | 280쪽 | 값 15,000원

공교육은 왜?
홍섭근 지음 | 352쪽 | 값 16,000원

자기혁신과 공동의 성장을 위한
교사들의 필리버스터
윤양수·원종희·장군·조경삼 지음 | 280쪽 | 값 14,000원

함께 배움 이렇게 시작한다
니시카와 준 지음 | 백경석 옮김 | 196쪽 | 값 12,000원

주제통합수업, 아이들을 수업의 주인공으로!
이윤미 외 지음 | 392쪽 | 값 17,000원

수업과 교육의 지평을 확장하는 수업 비평
윤양수 지음 | 316쪽 | 값 15,000원
2014 문화체육관광부 우수교양도서

교사, 선생이 되다
김태은 외 지음 | 260쪽 | 값 13,000원

교사의 전문성, 어떻게 만들어지나
국제교원노조연맹 보고서 | 김석규 옮김 392쪽 | 값 17,000원

수업의 정치
윤양수·원종희·장군 지음 | 280쪽 | 값 14,000원

**학교협동조합,
현장체험학습과 마을교육공동체를 잇다**
주수원 외 지음 | 296쪽 | 값 15,000원

**거꾸로교실,
잠자는 아이들을 깨우는 수업의 비밀**
이민경 지음 | 280쪽 | 값 14,000원

교사는 무엇으로 사는가
정은균 지음 | 292쪽 | 값 15,000원

마음의 힘을 기르는 감성수업
조선미 외 지음 | 300쪽 | 값 15,000원

작은 학교 아이들
지경준 엮음 | 376쪽 | 값 17,000원

감성 지휘자, 우리 선생님
박종국 지음 | 308쪽 | 값 15,000원

대한민국 입시혁명
참교육연구소 입시연구팀 지음 | 220쪽 | 값 12,000원

교사를 세우는 교육과정
박승열 지음 | 312쪽 | 값 15,000원

전국 17명 교육감들과 나눈
교육 대담
최창의 대담·기록 | 272쪽 | 값 15,000원

들뢰즈와 가타리를 통해
유아교육 읽기
리세롯 마리엣 올슨 지음 | 이연선 외 옮김 | 328쪽 | 값 17,000원

함께 배움 교사의 말하기
니시카와 준 지음 | 백경석 옮김 | 188쪽 | 값 12,000원

 교육과정 통합, 어떻게 할 것인가?
성열관 외 지음 | 192쪽 | 값 13,000원

 동양사상에게 인공지능 시대를 묻다
홍승표 외 지음 | 260쪽 | 값 15,000원

 학교 민주주의의 불한당들
정은균 지음 | 276쪽 | 값 14,000원

 교육과정, 수업, 평가의 일체화
리사 카터 지음 | 박승열 외 옮김 | 196쪽 | 값 13,000원

▶ 교과서 밖에서 만나는 역사 교실
상식이 통하는 살아 있는 역사를 만나다

 전봉준과 동학농민혁명
조광환 지음 | 336쪽 | 값 15,000원

 남도의 기억을 걷다
노성태 지음 | 344쪽 | 값 14,000원

 응답하라 한국사 1·2
김은석 지음 | 356쪽·368쪽 | 각권 값 15,000원

 즐거운 국사수업 32강
김남선 지음 | 280쪽 | 값 11,000원

 즐거운 세계사 수업
김은석 지음 | 328쪽 | 값 13,000원

 강화도의 기억을 걷다
최보길 지음 | 276쪽 | 값 14,000원

 광주의 기억을 걷다
노성태 지음 | 348쪽 | 값 15,000원

 선생님도 궁금해하는 한국사의 비밀 20가지
김은석 지음 | 312쪽 | 값 15,000원

 걸림돌
키르스텐 세륨-빌펠트 지음 | 문봉애 옮김
248쪽 | 값 13,000원

 역사수업을 부탁해
열 사람의 한 걸음 지음 | 388쪽 | 값 18,000원

 교과서 밖에서 배우는 역사 공부
정은교 지음 | 292쪽 | 값 14,000원

 팔만대장경도 모르면 빨래판이다
전병철 지음 | 360쪽 | 값 16,000원

 빨래판도 잘 보면 팔만대장경이다
전병철 지음 | 360쪽 | 값 16,000원

 영화는 역사다
강성률 지음 | 288쪽 | 값 13,000원

 친일 영화의 해부학
강성률 지음 | 264쪽 | 값 15,000원

 한국 고대사의 비밀
김은석 지음 | 304쪽 | 값 13,000원

 조선족 근현대 교육사
정미량 지음 | 320쪽 | 값 15,000원

 다시 읽는 조선근대교육의 사상과 운동
윤건차 지음 | 이명실·심성보 옮김 | 516쪽 | 값 25,000원

 음악과 함께 떠나는 세계의 혁명 이야기
조광환 지음 | 292쪽 | 값 15,000원

 논쟁으로 보는 일본 근대교육의 역사
이명실 지음 | 324쪽 | 값 17,000원

▶ **더불어 사는 정의로운 세상을 여는 인문사회과학**
사람의 존엄과 평등의 가치를 배운다

밥상혁명
강양구·강이현 지음 | 298쪽 | 값 13,800원

도덕 교과서 무엇이 문제인가?
김대용 지음 | 272쪽 | 값 14,000원

자율주의와 진보교육
조엘 스프링 지음 | 심성보 옮김 | 320쪽 | 값 15,000원

민주화 이후의 공동체 교육
심성보 지음 | 392쪽 | 값 15,000원
2009 문화체육관광부 우수학술도서

갈등을 넘어 협력 사회로
이창언·오수길·유문종·신윤관 지음 | 280쪽 | 값 15,000원

동양사상과 마음교육
정재걸 외 지음 | 356쪽 | 값 16,000원
2015 세종도서 학술부문

교과서 밖에서 배우는 철학 공부
정은교 지음 | 280쪽 | 값 14,000원

교과서 밖에서 배우는 사회 공부
정은교 지음 | 304쪽 | 값 15,000원

교과서 밖에서 배우는 윤리 공부
정은교 지음 | 292쪽 | 값 15,000원

좌우지간 인권이다
안경환 지음 | 288쪽 | 값 13,000원

민주시민교육
심성보 지음 | 544쪽 | 값 25,000원

민주시민을 위한 도덕교육
심성보 지음 | 500쪽 | 값 25,000원
2015 세종도서 학술부문

교과서 밖에서 배우는 인문학 공부
정은교 지음 | 280쪽 | 값 13,000원

오래된 미래교육
정재걸 지음 | 392쪽 | 값 18,000원

대한민국 의료혁명
전국보건의료산업노동조합 엮음 | 548쪽 | 값 25,000원

교과서 밖에서 배우는 고전 공부
정은교 지음 | 288쪽 | 값 14,000원

전체 안의 전체 사고 속의 사고
김우창의 인문학을 읽다
현광일 지음 | 320쪽 | 값 15,000원

카스트로, 종교를 말하다
피델 카스트로·프레이 베토 대담 | 조세종 옮김
420쪽 | 값 21,000원

▶ **살림터 참교육 문예 시리즈**
영혼이 있는 삶을 가르치는 온 선생님을 만나다!

꽃보다 귀한 우리 아이는
조재도 지음 | 244쪽 | 값 12,000원

성깔 있는 나무들
최은숙 지음 | 244쪽 | 값 12,000원

아이들에게 세상을 배웠네
명혜정 지음 | 240쪽 | 값 12,000원

밥상에서 세상으로
김흥숙 지음 | 280쪽 | 값 13,000원

선생님이 먼저 때렸는데요
강병철 지음 | 248쪽 | 값 12,000원

서울 여자, 시골 선생님 되다
조경선 지음 | 252쪽 | 값 12,000원

행복한 창의 교육
최창의 지음 | 328쪽 | 값 15,000원

북유럽 교육 기행
정애경 외 14인 지음 | 288쪽 | 값 14,000원

▶ **남북이 하나 되는 두물머리 평화교육**
분단 극복을 위한 치열한 배움과 실천을 만나다

10년 후 통일
정동영·지승호 지음 | 328쪽 | 값 15,000원

선생님, 통일이 뭐예요?
정경호 지음 | 252쪽 | 값 13,000원

분단시대의 통일교육
성래운 지음 | 428쪽 | 값 18,000원

김창환 교수의 DMZ 지리 이야기
김창환 지음 | 264쪽 | 값 15,000원

▶ **출간 예정**

근간 **핀란드 교육의 기적은 어떻게 만들어지나**
Hannele Niemi 외 지음 | 장수명 외 옮김

근간 **학교 혁신의 길, 아이들에게 묻다!**
남궁상운 외 지음

근간 **세계교육개혁: 민영화 우선인가 공적 투자 강화인가?**
프랭크 애덤슨 외 지음 | 심성보 외 옮김

근간 **혁신학교, 미래교육의 답을 찾다**
송순재 외 지음

근간 **민주시민을 위한 수업·교육과정·평가를 어떻게 할 것인가?**
염경미 지음

근간 **독립의 기억을 걷다**
노성태 지음

근간 **삶을 위한 국어교육과정, 어떻게 만들 것인가?**
명혜정 지음

근간 **민주시민교육을 위한 역사수업 어떻게 할 것인가?**
황현정 지음

근간 **한글혁명**
김슬옹 지음

근간 **공자면, 논어는 이것이다**
유문상 지음

근간 **마을수업, 마을교육과정!**
서용선·백윤애 지음

근간 **다 함께 올라가는 스웨덴 교육법**
레이프 스트란드베리 지음 | 변광수 옮김

근간 **프레이리 교육론**
손종현 외 지음

근간 **대학생에게 협동조합을 허하라**
주수원 외 지음

근간 **학교는 평화로운가?**
강균석 외 지음

근간 **교육의 대전환**
김경욱 외 지음

참된 삶과 교육에 관한 생각 줍기